MISSION SURVIE

DANS LA JUNGLE

Titre original : *Explorers wanted! In the Jungle*
Première édition en langue anglaise
publiée en 2003 par Egmont UK Limited,
239 Kensington High Street, London W8 6SA

300 rue Léon-Joulin, 31101 Toulouse Cedex 9
Loi 49-956 du 16 juillet 1949
sur les publications destinées à la jeunesse
ISBN : : 2-7459-2070-7
www.editionsmilan.com

Simon Chapman

MISSION SURVIE DANS LA JUNGLE

Illustrations de
Nicolas Hubesch

Traduit de l'anglais par Élisabeth de Galbert

Milan
jeunesse

Sommaire

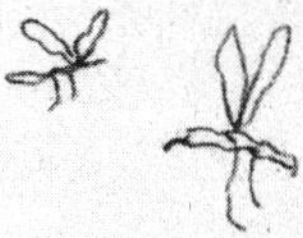

Ainsi... vous avez envie de partir en expédition dans la jungle ?

De pénétrer au cœur de la forêt amazonienne, noire et profonde, là où personne ne s'est encore aventuré ?

De découvrir… des cités perdues… des tribus sauvages ?…

Des créatures étranges et merveilleuses ?…

Si la réponse à l'une de ces questions est oui, alors ce livre est fait pour vous.

Comment survivre dans la forêt amazonienne, comment s'y rendre, quel matériel emporter, qu'est-ce qui vous y attend… Ce livre vous donnera toutes les informations nécessaires. Vous y trouverez aussi quelques anecdotes amusantes sur des explorateurs partis à l'aventure avant vous. Lisez-le vite !

VOTRE MISSION…

… si vous l'acceptez, consiste à partir en expédition dans la forêt équatoriale pour retrouver les ruines d'une cité perdue, qui serait engloutie dans les eaux montagneuses du **Rio Venomoso**, le "fleuve empoisonné". Les Indiens Namweyos, qui vivent dans cette région, parlent depuis longtemps d'édifices en pierres enfouis dans la jungle.

Ils ont baptisé ces ruines "RUCU-RUMIMARCA", ce qui veut dire "la vieille cité de pierre" dans l'ancienne langue des Quechuas des hauts plateaux. Selon les Namweyos, les esprits de la mort hantent ces ruines. Des ossements rongés ont été trouvés au milieu des pierres et, la nuit, on entend souvent un grognement sourd. Aussi les Indiens refusent-ils de s'approcher de ces ruines.

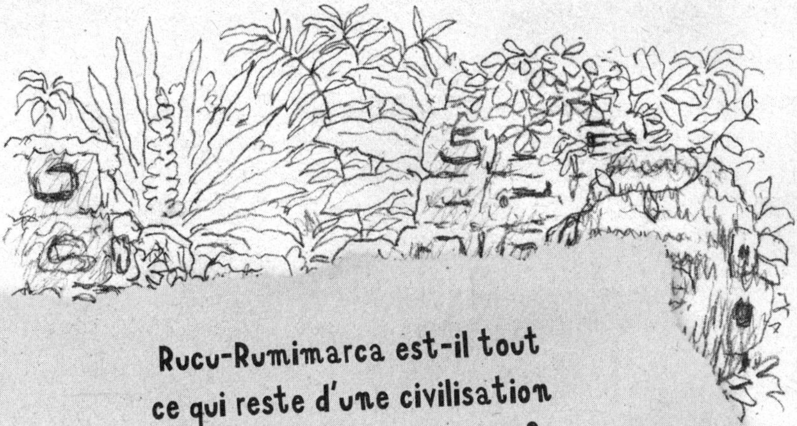

Rucu-Rumimarca est-il tout ce qui reste d'une civilisation depuis longtemps disparue ?

Des trésors archéologiques y demeurent-ils cachés ?

Peut-être y a-t-il de l'or !

À vous de le découvrir.

Pour y accéder, vous devrez traverser
une partie encore inexplorée de la forêt équatoriale
– remonter un fleuve, puis poursuivre à pied –
et grimper sur les crêtes brumeuses
où la cité est censée se trouver.
Là, vous devrez entrer en contact
avec les Namweyos, pour qu'ils
vous aident à découvrir la mystérieuse
cité de pierre.

Plantons le décor

Lisez attentivement ces informations sur la forêt équatoriale avant votre départ en expédition.

La forêt amazonienne a la taille de l'Europe. Pour vous aider à vous représenter un espace aussi vaste, imaginez que tout le quartier, ainsi que toute la ville ou le village où vous habitez, sont couverts d'arbres, et que, jusqu'à l'endroit le plus éloigné où vous ayez jamais été en voiture, il n'y a que des forêts et des fleuves, sans presque aucune route. Et encore, cela ne représenterait qu'une minuscule partie de l'Amazonie. C'est tout simplement gigantesque !

LA PLANÈTE TERRE

AMÉRIQUE DU SUD

LE BASSIN AMAZONIEN

La forêt amazonienne d'Amérique du Sud n'est pas la seule forêt équatoriale du monde. Il en existe dans d'autres régions du globe, comme l'indique la carte ci-dessous.

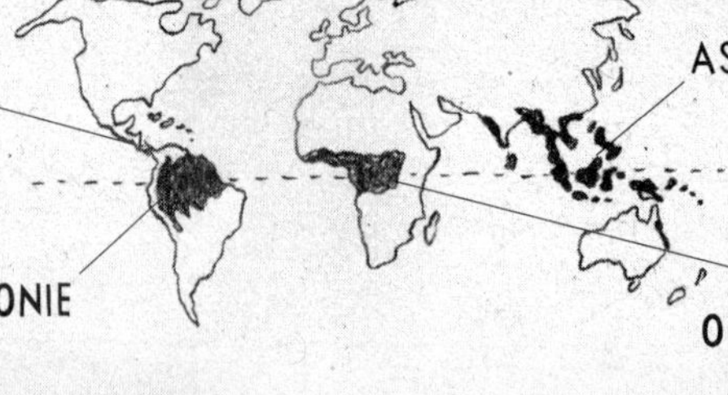

Gros plan sur l'Amazonie

L'Amazonie est un enchevêtrement de fleuves qui serpentent au milieu de la forêt, en décrivant de larges méandres. Vue du ciel, la forêt équatoriale ressemble à un brocoli !

LE FLEUVE AMAZONE

Rapprochons-nous encore.

Méandre boueux d'un petit affluent, au fin fond de la jungle…

Qu'y a-t-il sous la voûte forestière ?

Où que vous regardiez, vous ne voyez que des feuilles et des troncs d'arbres. La plupart sont minces et grands, et se ramifient très haut. C'est ce que l'on appelle la canopée. Les feuilles arrêtent les rayons du soleil et il fait très sombre, si sombre qu'il est impossible de prendre des photos sans flash.

Le sous-bois est composé de petits buissons, de fougères et de palmiers. Bien que la végétation soit relativement dense par endroits, on y pénètre sans trop de difficultés. On trouve aussi de longues lianes feuillues, qui tombent des arbres et serpentent par terre.

Certains troncs d'arbres sont vraiment énormes ; ils sont pourvus de racines étais, qui partent dans toutes les directions.

Sous la canopée, l'air est chaud, humide et collant. Très vite, vous vous sentez moite et transpirez abondamment. Tout a une odeur de moisi (vous aussi, si vous y restez longtemps). Des champignons poussent sur les branches mortes et les troncs d'arbres sont couverts de lichen. De nombreuses feuilles sont moisies et mangées par des chenilles ou des fourmis parasol. Ces fourmis sont sans doute les premiers signes de vie animale que vous verrez. Elles forment de longues colonnes, qui traversent la forêt. Chacune porte un fragment de feuille ressemblant à une minuscule voile verte. Elles déposent ces morceaux de feuilles dans leur nid, sur un champignon dont elles se nourrissent.

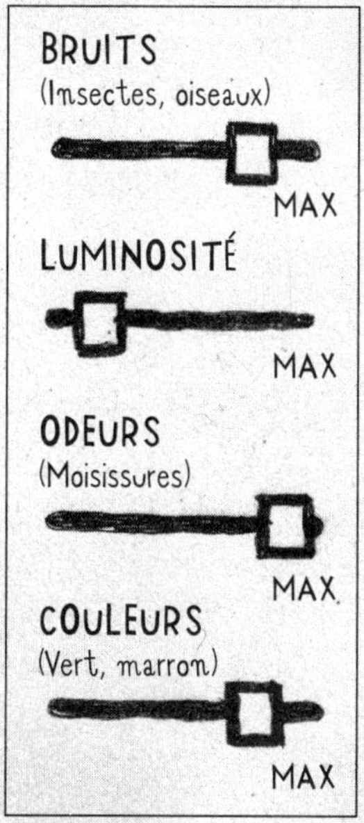

De nombreux autres insectes vivent dans la forêt – comme les morphos bleus, ces papillons de la taille de la main, dont les ailes réfléchissent la lumière du soleil ; mais lorsqu'elles sont fermées, elles ressemblent à des feuilles mortes. Vous serez aussi poursuivi par des moustiques, attirés par le dioxyde de carbone que vous rejetez. Ils vous tournent autour du visage et des bras, vous attaquant dès que vous êtes immobile. Avec leur trompe pointue, ils transpercent votre chemise et aspirent votre sang ! Si vous ne mettez pas de produit anti-moustiques, vous serez vite couvert de boutons rouges. **Beurk !**

Mis à part les insectes, vous ne verrez sans doute pas beaucoup d'animaux au début ; pourtant ils sont là, cachés dans la canopée, au-dessus de votre tête, ou dans le sous-bois, juste à côté...

Soudain des feuilles bruissent devant vous…

Vous avancez et contournez un tronc d'arbre avec de nombreuses racines épineuses...

Vous essayez de faire le moins de bruit possible et écoutez…

Il y a peut-être quelque chose derrière l'arbre suivant...

Un jaguar...

… tue sa proie en lui broyant le crâne d'un coup de dents.

Un anaconda géant…

… étouffe sa proie.

Une chauve-souris vampire…

… est un vrai danger lorsque vous dormez. Elle peut vous arracher un morceau de peau du pouce ou du gros orteil et boire votre sang, sans que vous le sentiez, car sa salive est anesthésiante.

Vous vous faufilez dans le sous-bois et vous dépassez des feuilles qui pendent…

Que voyez-vous ?

Examinez attentivement le dessin.

Vous décidez de rebrousser chemin ; vous vous retournez pour retrouver par où vous êtes venu…

A

B

Mais… voici ce que vous voyez en vous retournant.

Vous souvenez-vous par où vous êtes passé ?

Vous devez retrouver les racines étais d'où vous êtes parti (p. 12). Elles sont avant les différentes plantes que vous avez dépassées. Revenez sur vos pas jusqu'aux feuilles qui pendent.

C

D

Réfléchissez bien...
Quelle est la bonne direction ?

À vous de décider.

A, B, C ou D ?

Une fois votre décision prise,
tournez la page pour voir
si vous avez raison.

Réponses à la question de la page 17

A. FAUX. Au bout de 10 mètres environ, vous marchez sur des branches cassées ; il se pourrait que vous soyez passé par là. Vous suivez ce chemin qui serpente au milieu des arbres et arrivez à une mare de boue et tombez nez à nez avec un tapir !

B. FAUX. Vous poursuivez à travers le sous-bois, mais vous vous apercevez bientôt que vous ne reconnaissez rien. Vous décidez de faire demi-tour, mais par où aller ?

C. CORRECT. Tel un Indien, vous avez reconnu les "signes" : les lianes feuillues et les racines épineuses qui montrent que vous êtes bien passé par là.

D. FAUX. Tout ce que vous trouvez est un nid de guêpes et des fourmis dont la morsure est particulièrement douloureuse.

Vous réalisez comme il est facile de se perdre...

Maintenant vous devez vous organiser et vous équiper. Quel matériel emporter, comment accéder à la forêt équatoriale... Vous trouverez dans le chapitre suivant toutes les informations nécessaires.

Mais avant, lisez l'histoire de cette héroïne...

Isabella Godin, ou comment survivre dans la jungle

En 1769, une Péruvienne mariée à un Français, Isabella Godin, quitte Quito (dans l'actuel Équateur) pour traverser l'Amazonie et retrouver son mari, parti pour la France 20 ans plus tôt. Elle emmène avec elle ses deux frères, un neveu, trois domestiques, un esclave nommé Joachim, et trois autres Français. Ils achètent une grande pirogue et recrutent une trentaine d'Indiens pour ramer.

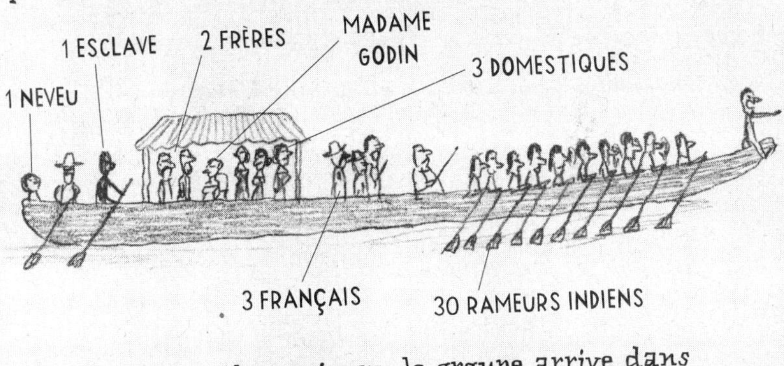

Au bout de quelques jours, le groupe arrive dans un village décimé par la variole. Terrifiés, les Indiens s'enfuient dans la jungle. Les Français construisent une autre pirogue ; un villageois, épargné par la variole, accepte de les guider. Malheureusement, il tombe malade et se noie lorsque la pirogue chavire.

Les trois Français et Joachim partent avec la pirogue pour – disent-ils – aller chercher des secours. (Les auriez-vous crus ?) Isabella, ses frères et neveu, et les domestiques attendent pendant 25 jours, mais personne ne revient. Malades et épuisés, ils construisent un radeau en bois de balsa, mais celui-ci heurte un tronc d'arbre et chavire. Isabella manque de se noyer, mais un de ses frères la sauve in extremis. Le groupe regagne la terre ferme et décide de continuer à pied.

Bientôt ils se perdent et errent dans la jungle sans nourriture. Tous meurent, sauf Isabella. Elle reste à côté des cadavres pendant deux jours, puis se remet en route, convaincue qu'elle réussira à survivre. Pendant 9 jours, elle se nourrit d'insectes et de racines. Ses vêtements, déchirés par les épines et les lianes, sont en lambeaux.

Lorsque, enfin, elle arrive au bord d'un fleuve, elle est couverte de piqûres et d'écorchures, et ses cheveux sont tout blancs (à cause du stress). Elle a un aspect si pitoyable que les deux Indiens qui la découvrent l'emmènent chez un missionnaire de leur village.

Pour les remercier, Isabella coupe en deux son collier en or et leur en offre à chacun une moitié. Mais le missionnaire la leur reprend et leur donne en échange des vêtements. Isabella est furieuse. Elle lui demande une pirogue et descend le fleuve. Elle est récupérée par un bateau envoyé à sa recherche par son père. Un bateau portugais lui fait descendre toute l'Amazone et contourner la côte, où son mari l'attend pour la ramener en France. Il arrive en pirogue à leur rencontre. Cela fait 20 ans qu'ils ne se sont pas vus !

Et les autres membres du groupe, que sont-ils devenus ? Les trois Français se sont enfuis avec la pirogue - ils n'ont jamais eu l'intention de revenir chercher Isabella et les autres. Quant à Joachim, il est retourné au village, d'où il est reparti avec quelques Indiens pour porter secours à ses compagnons. Il a trouvé les corps et est revenu au village peu après Isabella. Il était à bord du bateau qui l'a récupérée.

CHAPITRE 1

COMMENT S'ÉQUIPER

Isabella Godin a eu de la chance. Elle était décidée à rester en vie et a été secourue juste à temps. De nombreux autres explorateurs intrépides se sont perdus dans la forêt équatoriale et ont été moins chanceux. Personne n'a jamais raconté leur histoire ! Comment faire pour que cela ne vous arrive pas ? L'important est de bien se préparer. Vous devez être conscient des dangers qui vous guettent et être bien équipé.

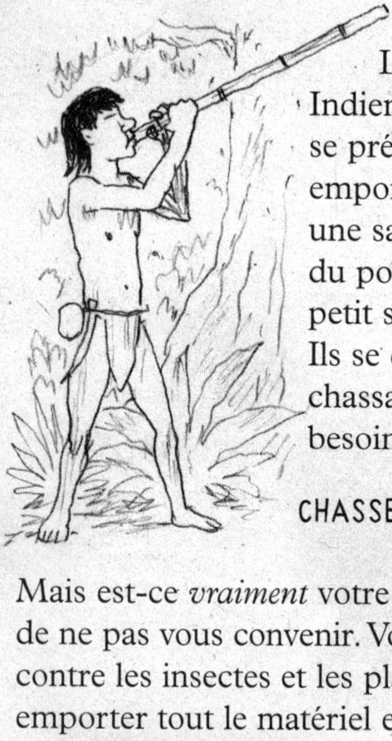

Lorsque les Waoranis, des Indiens de l'Amazonie équatoriale, se préparent à traverser la forêt, ils emportent juste le strict nécessaire : une sarbacane pour tuer des oiseaux, du poison pour leurs flèches, et un petit sac de nourriture ; c'est tout. Ils se déplacent vite et sans bruit, chassant et ramassant ce dont ils ont besoin pour se nourrir et s'abriter.

CHASSEUR WAORANI

Mais est-ce *vraiment* votre style ? Ce mode de vie risque de ne pas vous convenir. Vous avez besoin de vous protéger contre les insectes et les plantes épineuses et devez emporter tout le matériel et la nourriture nécessaires.

L'équipement du parfait explorateur

Voici une sélection de vêtements que vous pourriez emporter. Deux d'entre eux ne sont pas adaptés.
Lesquels ? Pourquoi ?
Réponse page 24.

Réponse à la question de la page 23

Les jeans et les débardeurs ne sont pas adaptés. Une fois mouillé, un jean met très longtemps à sécher. Rien n'est plus désagréable que de marcher toute la journée dans la jungle avec un jean trempé. (Ce n'est pas non plus hygiénique, comme nous le verrons plus tard.) Quant aux débardeurs, ils ne couvrent pas les bras, qui sont une cible facile pour les insectes.

Quel matériel emporter ?

Outre les petits objets qui se glissent facilement dans la poche – boussole, couteau suisse, hameçons et fil –, vous devez emporter obligatoirement un sac à dos, un sac de couchage, un hamac, un appareil photo, une lampe de poche et des piles, et des jumelles.

Et quoi d'autre ? Si vous ne pouviez emporter que 7 des objets représentés ci-dessous, lesquels choisiriez-vous ?

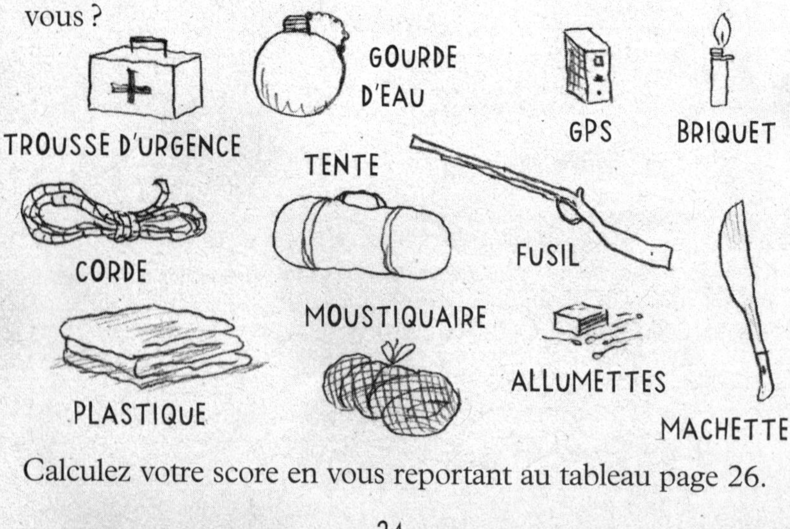

Calculez votre score en vous reportant au tableau page 26.

Et si vous emportiez un accordéon dans la jungle ?

Le colonel Fawcett, un explorateur anglais, remontait le Heath, un fleuve de Bolivie, lorsque des Indiens guarayos, sur le territoire desquels il avait pénétré, attaquèrent son groupe. Fawcett et ses compagnons – sauf Gunner Todd – rejoignirent la terre ferme où une pluie de flèches les accueillit. Seul Todd demeura imperturbable. Il s'assit sur un tronc d'arbre, prit son accordéon et se mit à chanter *A Bicycle Made for Two* (*Une bicyclette pour deux*) et d'autres chansons en vogue à l'époque.

Finalement, voyant que Fawcett et ses hommes ne leur voulaient aucun mal, les Indiens cessèrent de tirer et sortirent des buissons pour saluer les explorateurs. Ils étaient habitués à ce que les étrangers leur tirent dessus avec des fusils, et non à ce qu'ils leur chantent la sérénade ! Ils les emmenèrent dans leur village ; à la tombée de la nuit, ils allumèrent un grand feu et leur offrirent du poisson grillé à l'endroit où, le matin même, les flèches volaient.

Votre score

Objet	Points	Commentaire
Machette	60	Indispensable.
Trousse d'urgence	30	Coupures et blessures s'infectent facilement dans la jungle.
Briquet	30	Manger chaud vous fera du bien. Veillez à ce qu'il soit au sec.
Gourde d'eau	20	Loin des fleuves, vous risquez de vous déshydrater.
Moustiquaire	20	Les moustiques transmettent certaines maladies, comme le paludisme.
Corde	15	Vous pouvez utiliser des lianes à la place.
Plastique	15	Vous pouvez construire un abri avec des feuilles de palmier.
Tente	10	Utilisez à la place le plastique et la moustiquaire. *30 points si vous n'avez ni l'un ni l'autre.
Fusil	5	Moins utile que ce que vous pouvez penser. Que deviendrez-vous si vous êtes à court de munitions ?
Allumettes	5	Risquent d'être mouillées. Le briquet sera beaucoup plus utile.
GPS (système de guidage par satellite)	0	Impossible de connaître votre position, sauf si vous avez une bonne carte.

Plus de 150 points

Excellent. Vous réagissez comme un véritable explorateur. Vous savez que vous n'avez besoin que de quelques objets essentiels pour survivre. Vous pouvez vous passer du reste.

Entre 100 et 150 points

Satisfaisant. Mais vous devez mieux vous préparer.

Moins de 100 points

Désespéré. Vous serez tellement affamé, mouillé, piqué et malade que jamais vous ne pourrez aller jusqu'au bout de l'expédition. Agissez de manière plus cohérente, avant qu'une grosse créature poilue vous dévore !

Votre choix est fait.
Voici la liste du matériel que vous emportez :

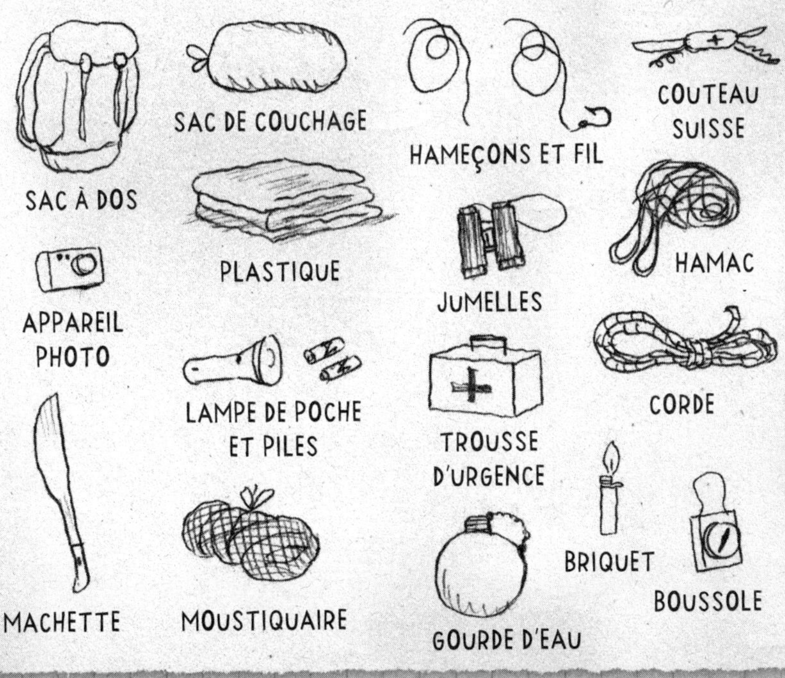

Mais attendez ! N'avez-vous rien oublié ? Et la nourriture ? Sans provisions, vous n'irez pas bien loin.

Rations de survie

Pour les Indiens, comme les Waoranis, la forêt équatoriale ressemble à un grand libre-service. Ils y trouvent des dindes et des cochons, des poissons, des noix (savez-vous que toutes les noix du Brésil sont cueillies dans la forêt amazonienne primaire ?), des fruits et même des friandises – vers palmistes, œufs de tortue et pattes de tarentules !

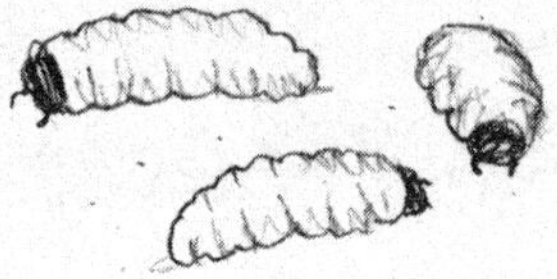

VERS PALMISTES

Mais pour vous, ces ressources peuvent être difficiles à trouver. Il vaut mieux emporter autant de réserves que possible.

CHASSE AUX VERS

Emportez des aliments déshydratés.

Enfermez-les dans des sacs en plastique bien étanches, car, s'ils sont mouillés, ils seront immangeables.

N'emportez pas de légumes frais qui pourrissent rapidement. Vous pouvez prendre quelques conserves, mais pensez au poids de votre sac.

Pour votre expédition jusqu'à la cité perdue de Rucu-Rumimarca, emportez de quoi vous nourrir pendant 15 jours. Pas plus, car ce serait trop lourd. N'oubliez pas que vous pourrez toujours vous réapprovisionner en route, en cueillant ou en échangeant de quoi manger.

N'oubliez pas de prendre du chocolat ou d'autres aliments énergétiques. Au bout de quelques semaines, vous en aurez peut-être assez de manger du riz et du poisson…

Avez-vous rassemblé tout ce dont vous avez besoin ? Espérons-le !

Vous êtes maintenant prêt à affronter la jungle.

Mais…
Attendez…

Juste une chose…

Il vous faut un moyen de transport !

La forêt équatoriale est dense et inextricable ; vous pourrez utiliser un véhicule ou des animaux de bât, pour porter votre équipement jusqu'au point de départ de votre expédition, là où la route s'arrête et où l'aventure commence *vraiment* ! Ensuite, lorsque vous traverserez le sous-bois et les marais, vous devrez trouver quelque chose (ou quelqu'un) pour porter vos affaires. Vous pourriez embaucher des porteurs – des indigènes que vous payez –, mais eux aussi auront à transporter leur nourriture, leur matériel, voire toute leur famille ! Il faudra alors des porteurs pour porter leurs affaires…

Et ainsi de suite…

Pourquoi ne pas utiliser une pirogue, comme les indigènes ?

Comment fabriquer une pirogue ?

1. Abattez un grand arbre avec des branches seulement en haut.

2. Étalez du charbon de bois incandescent sur le tronc et évidez celui-ci avec une herminette (raclette à tranchant recourbé).

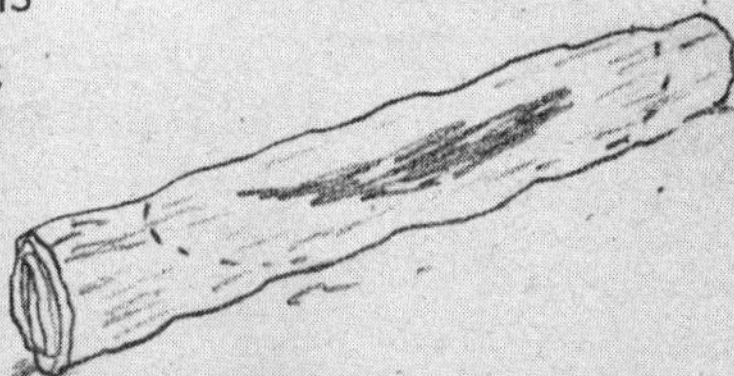

3. Évidez et rabotez le tronc pour lui donner la forme d'une pirogue.

4. Installez un moteur de hors-bord sur la pirogue pour qu'elle aille plus vite. Au Pérou, ces pirogues à moteur sont appelées des *Peke-Peke*, à cause du bruit qu'elles font : PEKEPEKEPEKEPEKE.

Une autre façon de construire une pirogue est d'enlever l'écorce d'un jatoba – d'un seul tenant – et de la maintenir incurvée à l'aide de traverses. Mais surtout n'enlevez pas celles-ci !

PIROGUE EN ÉCORCE AVEC TRAVERSES

NE JAMAIS ENLEVER LES TRAVERSES !

Vous pouvez aussi construire un radeau, ce qui sera **BEAUCOUP** plus rapide que de fabriquer une pirogue. Le bois de balsa (utilisé pour les maquettes d'avions) est idéal. Le balsa est un arbre très courant en Amazonie. Il pousse très facilement partout où la forêt a été défrichée, par exemple autour des fermes, des routes et des cours d'eau. Utilisez du bois mort – des troncs d'arbres qui sèchent au soleil – qui flotte très bien. Vous en trouverez en grande quantité au bord des cours d'eau.

Comment construire un radeau ?

MATÉRIEL

– 5 morceaux de bois de balsa droits, de 5 mètres de long chacun (vous ne pouvez pas vous tromper, car c'est le seul bois que vous trouverez par terre)
– 2 tiges de bambou, ou morceaux de bois droits, pour les traverses
– De la ficelle (si vous n'en avez pas, arrachez l'écorce interne d'un balsa)

INSTRUCTIONS

1. Arrachez l'écorce en commençant à un bout.

2. Coupez les morceaux de bois, de sorte qu'ils aient tous la même longueur, ou disposez le plus long au milieu et les plus courts à l'extérieur.

3. Avec la ficelle, attachez solidement les traverses sur chaque morceau de bois.

4. Fabriquez une perche pour faire avancer votre radeau ; faites un petit tour pour vous entraîner, avant de vous lancer.

Remonter un cours d'eau

Les radeaux en balsa sont parfaits pour descendre les cours d'eau. Il suffit de se laisser porter par le courant. Par contre, pour les remonter, il vous faut une pirogue suffisamment solide pour affronter les rapides et les tourbillons et assez grande pour transporter tout le matériel et la nourriture que vous avez décidé d'emporter.

Au début, le cours d'eau sera calme – parfois aussi large qu'un lac, avec juste assez de courant pour vous faire avancer. Et qui sait ? Avant que le courant devienne plus fort, peut-être trouverez-vous quelqu'un pour vous aider.

CHAPITRE 2

REMONTER LES COURS D'EAU

Premier jour. Niveau des vivres : maximum.

Vous êtes arrivé en bus, par une route très cabossée, jusqu'à un petit village perdu dans la jungle, où des indigènes vous ont vendu une pirogue, ainsi que du matériel et des vivres pour 15 jours. Maintenant vous êtes seul dans votre pirogue et ramez à contre-courant. Désormais, vous n'avez ni toit, ni eau chaude, ni télévision, ni téléphone, ni électricité. La forêt équatoriale s'étend à perte de vue, de part et d'autre du fleuve. Vous ne voyez ni champs, ni routes, ni maisons, ni personne qui puisse vous aider en cas de problème. Vous sentez-vous prêt à relever le défi ? Parfait ! Vous voilà décidé à tenter l'aventure.

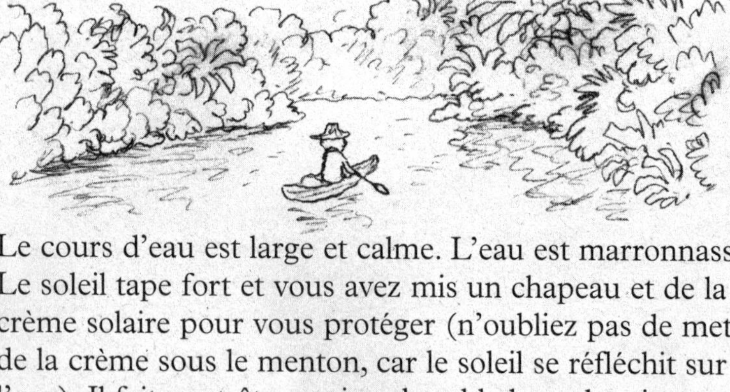

Le cours d'eau est large et calme. L'eau est marronnasse. Le soleil tape fort et vous avez mis un chapeau et de la crème solaire pour vous protéger (n'oubliez pas de mettre de la crème sous le menton, car le soleil se réfléchit sur l'eau). Il fait peut-être moins chaud le long des rives ombragées, mais mieux vaut ne pas s'en approcher. Pas tant à cause des caïmans – les crocodiles d'Amérique du Sud – qui se dorent sur le sable, mais à cause des…

... chicots

Bois mort ; branches ou arbres qui sont tombés dans l'eau et ont durci. Risquent de percer la coque de la pirogue.

... tortues

Elles se chauffent au soleil sur des bouts de bois qui émergent de l'eau et plongent dès que vous vous approchez trop près.

... pastenagues

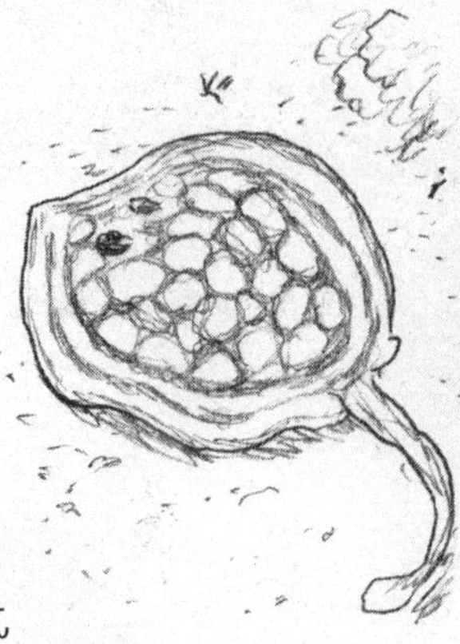

Raies à longue queue qui se cachent dans le sable. Si vous rencontrez un chicot et descendez de votre pirogue pour la pousser, vous risquez de vous faire piquer par une raie pastenague dont la queue contient du poison. Celui-ci n'est pas mortel, mais la piqûre est très douloureuse et peut vous empêcher de poursuivre votre expédition.

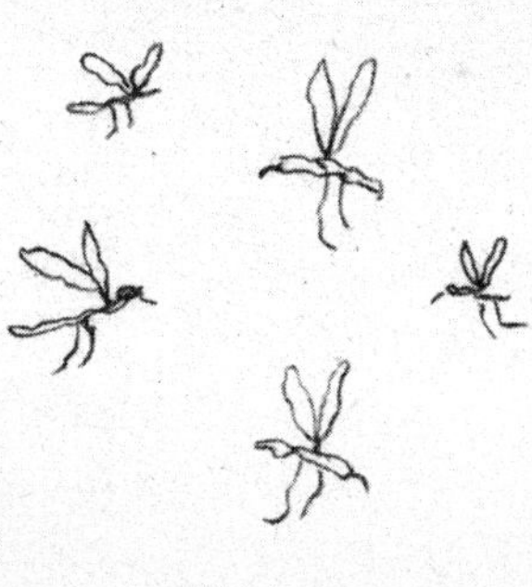

... piums

Moustiques géants dont la piqûre est douloureuse et provoque des cloques – une excellente raison pour rester au milieu du cours d'eau.

Voici d'autres petits insectes dont il vaut mieux vous méfier :

Taons

Grosses mouches dont la piqûre est douloureuse.

Puces-chiques

Puces qui vivent sur le sable sec et qui pénètrent sous la corne des pieds ou sous les ongles des orteils. Lorsqu'elles meurent, elles se coupent en deux, libérant une multitude de petits œufs d'où sortent des larves dont la piqûre est très douloureuse.

Mais le pire, ce sont les...

Mouches Torsalo

Elles pondent leurs œufs sur vos vêtements mis à sécher. Leurs larves – les vers macaques – mesurent jusqu'à 1 cm de long et pénètrent sous la peau. Si vous avez un gros furoncle, avec un point noir au milieu, enduisez-le de graisse. Le point noir est l'orifice par lequel respire la larve (dont les mâchoires sont en train de vous dévorer). Si vous le bouchez, elle essaiera de sortir et vous pourrez l'attraper avec une pince.

Heureusement, tous ces insectes (sauf les moustiques) disparaissent à la tombée de la nuit. Les plages de sable chaud, le long des cours d'eau, sont idéales pour camper.

Où allez-vous vous installer pour dormir ?
De quoi avez-vous besoin ?

- Bois pour allumer un feu
- Bambous pour construire un abri
- Terrain sec pour dormir dans un sac de couchage
- Arbres solides pour accrocher un hamac
- Eau propre
- Nourriture
- Zone non inondable

Examinez attentivement le dessin ci-dessous et les différents endroits où vous pouvez vous installer.
Lequel choisissez-vous : A, B, C, D ou E ?

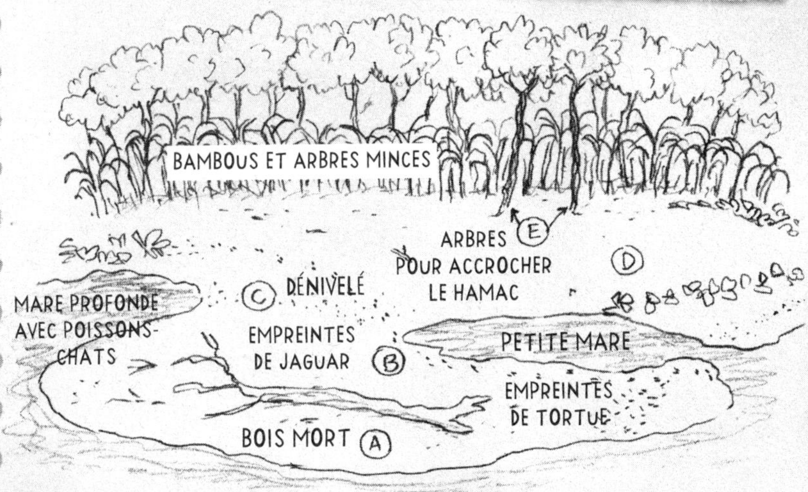

Regardez page 39 si vous avez bien choisi.

À peine êtes-vous installé que les gros nuages noirs apparus en début d'après-midi crèvent. Le tonnerre gronde, et il pleut si fort que vous avez l'impression d'être mitraillé par de petits cailloux. Tout ce qui n'est pas protégé, à commencer par le bois que vous avez ramassé, est trempé. De fortes rafales de vent secouent les arbres, faisant tomber les branches mortes. La plage est jonchée de feuilles et de brindilles. Soudain un craquement retentit dans la forêt, suivi d'un énorme bruit : un immense arbre vient de s'écrouler.

Au bout d'une demi-heure environ, la pluie cesse brutalement et le soleil réapparaît. L'eau s'évapore. Vous avez l'impression d'être dans un sauna. En amont du fleuve, au-dessus des collines, la pluie semble continuer. Soudain vous réalisez ce qui se passe : le fleuve est en crue…

Voyons maintenant si vous avez choisi le bon emplacement.

A. TROP PRÈS du cours d'eau. Tout est trempé. Des vagues boueuses déferlent en amont, inondant tout. Comme c'est le jour, vous pouvez déplacer toutes vos affaires à temps. Mais que se serait-il passé si vous dormiez ?

B. Vos affaires sont sèches. Un torrent de 1 mètre de haut coule entre vous et la rive. Il y a un fort courant. N'essayez pas de traverser ! L'eau finira bien par baisser, espérons-le !

C. Tout est inondé ! Un vrai désastre !

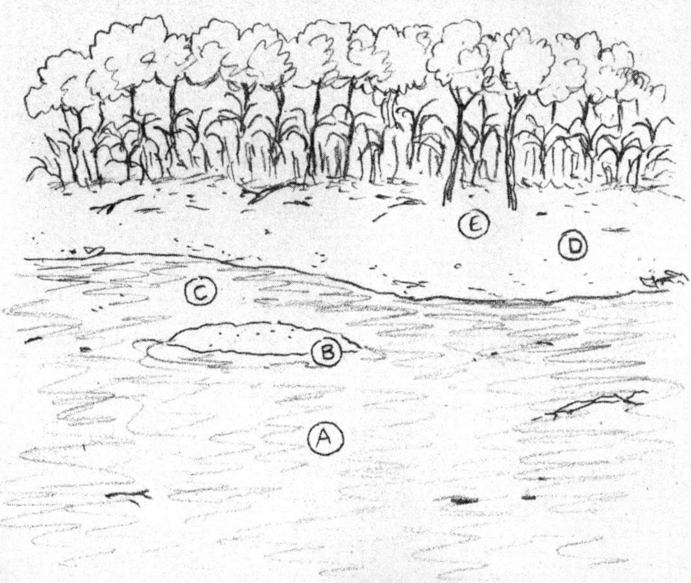

D. Un bon emplacement. Vous êtes suffisamment haut pour ne pas être inondé. Vous avez du bois pour allumer un feu et l'eau de la mare est propre. Si vous aviez été trop près de la forêt, des branches seraient peut-être tombées sur vous.

E. Un très bon emplacement. Vous n'avez pas été inondé. Méfiez-vous, avant d'accrocher votre hamac à un arbre dont les feuilles sont intactes. C'est peut-être un *Palo Diablo*, un "arbre du diable". Ces arbres sont couverts de fourmis de feu, dont la morsure est très douloureuse. Elles protègent l'arbre et, en contre-partie, elles se nourrissent de sa sève sucrée.

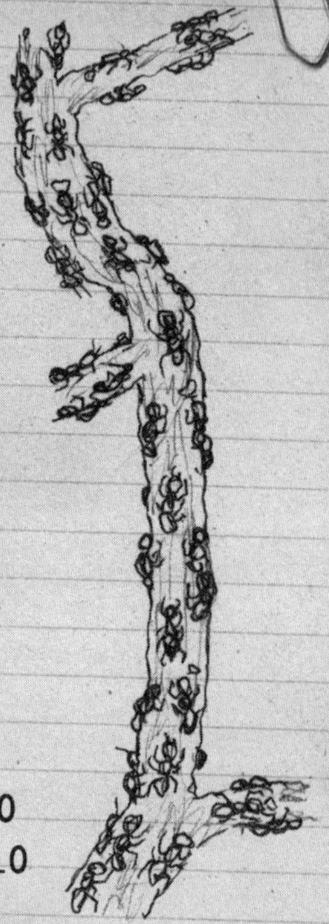

PALO DIABLO

Et les empreintes de jaguar que vous avez vues en arrivant ?

C'est peut-être l'occasion d'en voir un ! Les jaguars suivent souvent le même chemin chaque nuit. Celui-ci cherche sans doute des œufs de tortue. C'est moins fatigant de les déterrer et de les manger que de poursuivre un animal, par exemple un pécari ou vous…

ŒUFS DE TORTUE

Au fait, vous aussi, vous avez besoin de manger. Qu'allez-vous trouver pour vous nourrir ?

Vous pouvez chercher des œufs de tortue, avant que des jaguars les trouvent, mais ce n'est pas très écologique. Les tortues deviennent rares près des cours d'eau, car des braconniers volent leurs œufs. Que faire d'autre ? Puisque vous êtes près de l'eau, profitez-en pour pêcher dans les mares profondes formées par les méandres. Vous serez surpris de voir comme c'est facile. Il vous suffit d'accrocher un hameçon et un appât à votre ligne et de lancer celle-ci dans l'eau.

Un vieux morceau de viande constitue un excellent appât, mais ce n'est pas le genre d'ingrédient que vous aurez avec vous. Dès que vous aurez pêché un poisson, vous pourrez bien sûr en prendre un morceau comme appât (cela marche très bien avec les piranhas qui ne répugnent pas à se manger entre eux !), mais il faut bien commencer. Pensez aux insectes. Vous en trouverez dans les herbes, sur les berges.

Piranhas

Ces petits poissons voraces sont très courants dans certains cours d'eau d'Amazonie. Ils ont mauvaise réputation, mais les indigènes ne craignent pas de nager au milieu d'eux, sauf peut-être à la fin de la saison sèche, lorsque le niveau d'eau est bas et que les piranhas ont faim.

Faites attention à ne pas vous faire mordre lorsque vous décrochez l'hameçon de la bouche d'un piranha.

Les tiges de bambous percées de trous contiennent souvent des larves, que vous pourrez attraper facilement avec un canif. Servez-vous-en comme appât. Vous pouvez utiliser aussi les criquets et les scarabées qui se cachent dans les feuilles. Méfiez-vous des arbres dont les feuilles sont intactes ; ils risquent d'être couverts de fourmis de feu.

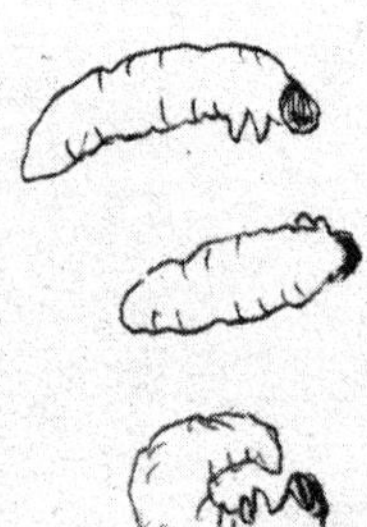

LARVES

Bien sûr, si vous connaissez la jungle aussi bien que les Indiens d'Amazonie ou que certains colons vivant au bord des cours d'eau, vous savez qu'il est possible d'attraper des poissons autrement… Par exemple, en leur tirant dessus avec des flèches. Mais n'oubliez pas que la lumière dévie en passant de l'eau à l'air – ce que l'on appelle la réfraction. Pour viser correctement, tirez légèrement plus bas que là où vous voyez le poisson, en laissant la largeur d'un poisson entre les deux.

Vous pouvez aussi tirer avec un fusil, mais ne plongez jamais l'extrémité du canon dans l'eau ; le coup pourrait partir en arrière. Une fois tué, le poisson risque d'être emporté par le courant. Filets et pièges sont efficaces, mais sans doute trop encombrants pour ce genre d'expédition.

Des Indiens utilisent la pâte obtenue en broyant des lianes. Ils ferment une partie du cours d'eau avec des bouts de bois et jettent la pâte dans l'eau. Celle-ci produit une substance chimique, qui n'est pas toxique pour les humains, mais qui empêche les poissons de respirer. Ils flottent alors à la surface et peuvent être récupérés facilement.

La forêt inondée

À la saison humide, de nombreux cours d'eau montent de 10 mètres, voire plus. L'eau inonde la forêt sur des kilomètres, si bien que vous finissez par ramer entre les cimes des arbres. D'innombrables poissons se déversent dans la forêt pour manger noix et graines, poursuivis par des piranhas ou des dauphins de l'Amazone ou Irias.

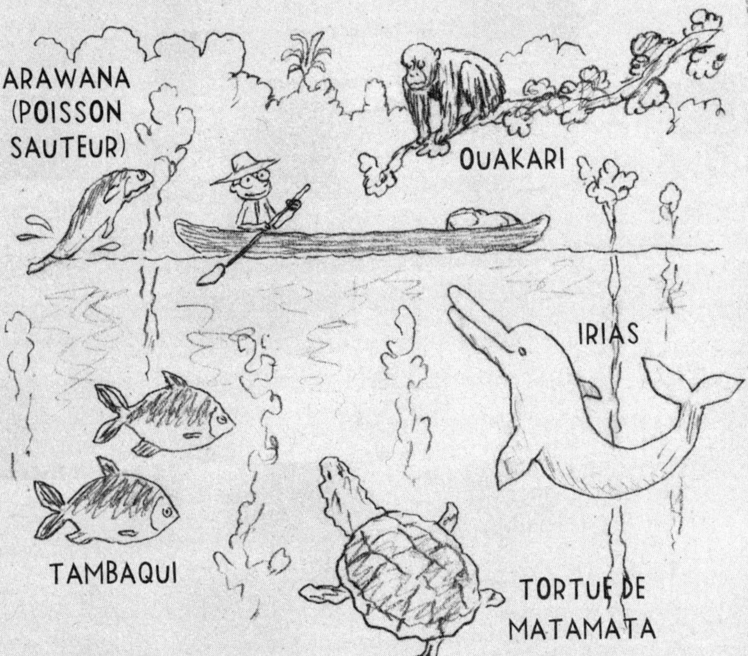

Les indigènes racontent beaucoup d'histoires de dauphins qui sauvent des gens de la noyade ou se métamorphosent la nuit en beaux jeunes hommes, pour danser avec des jeunes filles. De nombreux pêcheurs d'Amazonie leur donnent même une partie de leur pêche.

Heureusement, votre nuit sur la plage s'est bien passée...

… même si vous découvrez des insectes endormis au fond de votre sac de couchage.

Lorsque vous vous réveillez, il fait froid, humide et brumeux. La vapeur d'eau s'est condensée dans l'air. Toutes les affaires que vous avez laissées sur la plage sont trempées et les assiettes sales sont remplies de fourmis. Après avoir tout ramassé, vous déjeunez et vous vous remettez en route.

Plus vous remontez le fleuve, plus le courant devient fort. Il vous faut admettre que tôt ou tard vous aurez besoin d'aide pour continuer. Vous ramez depuis trois jours, sans avoir vu personne.

Le matin du quatrième jour, vous apercevez une pirogue sur la berge et, au-dessus, une maison…

CHAPITRE 3

TRACTATIONS AVEC MANOLO

4e jour. Niveau des vivres : bon, mais les réserves de sucre baissent trop vite - nombreuses guêpes et fourmis dans le paquet.

Comment signaler votre présence aux habitants de la maison ? Crier fort ? Grimper jusqu'à la maison et entrer ? Qu'emporterez-vous ? Votre machette ? Est-ce judicieux de prendre une arme ? Vous ne voyez personne, mais il y a des chances que l'on vous observe. Le mieux, sans doute, est de tirer votre pirogue sur la berge et d'attendre. Ils viendront vers vous.

Finalement tout se passe bien. Deux jeunes enfants vous épient, cachés derrière des bananiers. Bientôt Manolo, leur père, descend à votre rencontre sur la plage. Il n'est pas indien, mais a manifestement des ancêtres indiens. Il est ce que les Brésiliens appellent un *Caboclo*, un agriculteur-pêcheur.

Il a défriché une parcelle de forêt et y a construit sa maison lui-même. Il y vit avec sa femme, Alexandrina, et ses enfants Rosa Maria (7 ans), José (2 ans) et Léo (9 mois). Son aîné, Marco (9 ans), habite chez son oncle, qui abat des arbres pour une entreprise.

Manolo élève des animaux, chasse et pêche pour nourrir sa famille. Il cultive aussi des fruits et des légumes dans le petit jardin qui entoure sa maison.

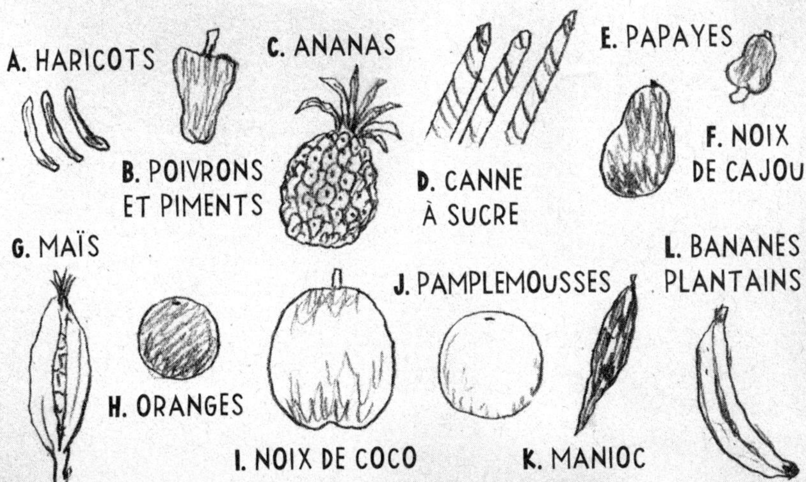

Il cultive aussi des goyaves, du thé, des plants de café, des oignons, des aromates et des herbes médicinales. Il vous explique que, pour le moment, ils ont tout ce qu'il faut pour se nourrir, mais que, dans un ou deux ans, le sol sera épuisé et les herbes envahiront son terrain. Il faudra alors qu'il défriche une nouvelle parcelle, à l'aide d'une tronçonneuse, mais que penserez-vous de lui s'il continue d'abattre des arbres ?

Voici Rosa Maria, la fille de Manolo, avec ses animaux : Toco le toucan, Alfonso l'atèle, et Rodolfo, le bébé pécari. Les ailes de Toco ont été coupées pour l'empêcher de voler. Alfonso est devenu orphelin lorsque Manolo a tué sa mère. Manolo prévoit de le manger à Noël prochain. Cela peut sembler cruel, mais, pour que sa famille puisse manger de la viande, il est obligé de chasser ou d'élever des animaux.

Alexandrina est dans la maison et fait cuire des galettes de manioc pour le déjeuner. Des photos du pape et du joueur de football préféré de Manolo, découpées dans des magazines, ornent le mur.

Manolo est d'accord pour vous aider à franchir les rapides, à condition que vous lui donniez quelque chose en échange. Mais de quoi a-t-il besoin ? Entre ce qu'il cultive et la chasse, il a tout ce qu'il lui faut.

Regardez tout ce que vous avez et réfléchissez à ce que vous pouvez donner à Manolo.

Qu'est-ce qu'il ne peut pas se procurer et qui pourrait lui être utile ? De quoi pouvez-vous vous passer ?

1. Une chemise et un pantalon
2. Des piles pour une lampe de poche
3. Un gros poisson-chat pêché hier
4. De l'aspirine et une pommade antiseptique
5. Une machette
6. Un sac de riz

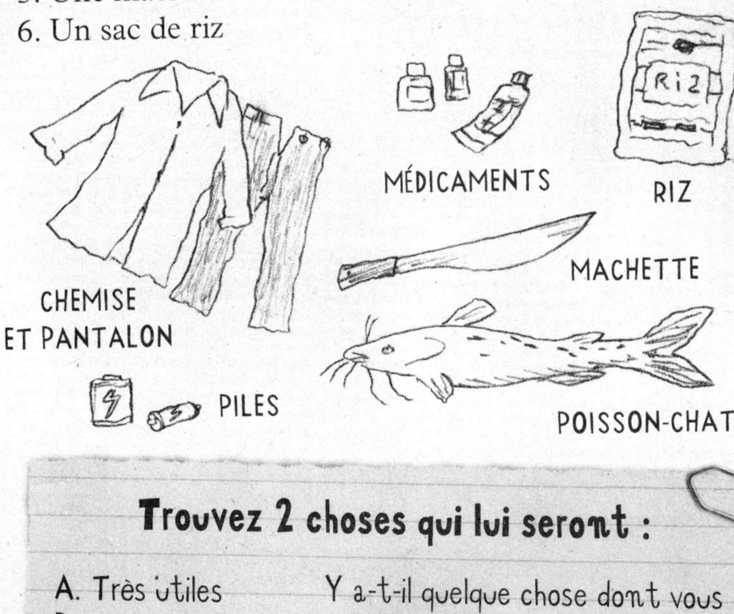

Trouvez 2 choses qui lui seront :

A. Très utiles
B. Assez utiles
C. Peu utiles

Y a-t-il quelque chose dont vous ne voulez pas vous séparer ?

Réponses page 50.

Réponses aux questions de la page 49

Très utiles : les piles (à condition que vous en ayez d'autres) et les médicaments – vous devrez probablement donner les deux.

Assez utiles : les vêtements, même s'il a déjà ce qu'il lui faut, et la machette – il en a déjà une, mais sera sûrement content d'en avoir une seconde en réserve. Cependant, est-ce judicieux de la donner ? Sûrement pas, si vous n'en avez pas d'autre !

Peu utiles : du riz (cela dépend de ses réserves, mais il peut être intéressé) et le poisson-chat (il peut en pêcher quand il veut).

Bien sûr, vous pouvez aussi lui proposer de l'argent, même s'il ne va sûrement pas faire des courses très souvent. C'est toujours utile. Vous pouvez aussi lui offrir des photos ou des magazines, ou tout simplement lui rapporter ce qui se passe loin de chez lui.

Vous repartez...

Après être resté deux jours chez Manolo, vous reprenez la route avec lui. C'est une bonne chose qu'il vous accompagne, car il sait « lire le fleuve ».

Il dirige la pirogue en évitant les chicots et vous aide à la tirer pour franchir les rapides de plus en plus nombreux, au fur et à mesure que les collines se multiplient.

Vous avancez en zigzaguant, mais dès que le courant est trop fort, vous êtes obligés de descendre de la pirogue et de la tirer. Ne la laissez pas se retourner, car vous risquez, elle et vous, d'être emportés par le courant. Si vous glissez, essayez de flotter les pieds en avant, pour ne pas heurter de pierres avec votre tête. Ne retournez pas la pirogue ; si elle est pleine d'eau, vous ne pourrez pas la retenir. Mieux vaut tout arrimer avant de partir et enfermer vos affaires dans des sacs étanches, pour qu'elles ne soient pas mouillées.

Comment rendre un sac étanche ?

MATÉRIEL

- Un sac
- Du latex (sève de l'hévéa)

INSTRUCTIONS

PIAUHAU HURLEUR

1. Trouvez un hévéa. Si vous entendez un oiseau siffler en faisant "Ouit oui iou !", il y a des chances que vous soyez au bon endroit. C'est un piauhau hurleur, un petit oiseau brun, également appelé *seringueiro* (qui extrait du latex) car il vit souvent près des hévéas.

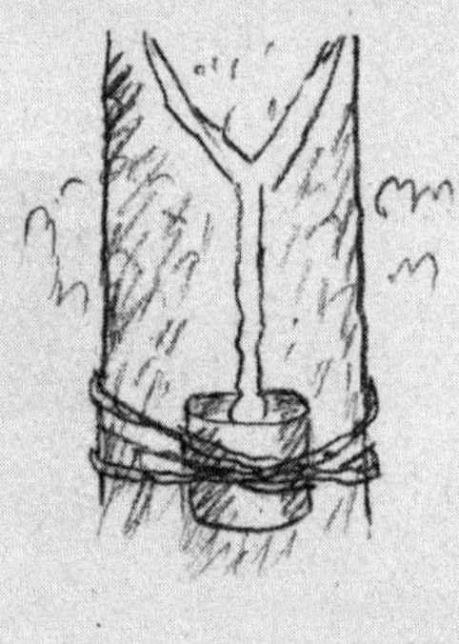

2. Avec la pointe de votre canif, pratiquez une encoche en V dans le tronc. Fixez une tasse ou une noix de coco évidée en dessous pour recueillir la sève blanche.

3. Pendant que la tasse se remplit, continuez à "saigner" d'autres hévéas.

4. Dès que vous avez assez de latex, plongez-y votre sac et laissez-le sécher plusieurs heures.

Le boom du caoutchouc

Jusqu'à la fin du XIXe siècle, tout le caoutchouc provenait des hévéas d'Amazonie. Jusqu'au jour où un botaniste anglais, sir Henry Wickham, eut une idée.

Il ramassa 70 000 graines d'hévéas qu'il plaça dans de petites boîtes fermées par un couvercle en verre (des sortes de mini-serres) et envoya au jardin botanique de Kew, à Londres, où elles germèrent. Les jeunes plantes furent envoyées à Ceylan (Sri Lanka) et en Malaisie. Beaucoup moururent pendant le voyage, mais quelques-unes survécurent ; c'est ainsi qu'apparurent les premières plantations d'hévéas.

Ce mode de culture présentait deux avantages. Premièrement, les hévéas étant plantés très près les uns des autres, la récolte du latex était plus rapide que dans la forêt équatoriale. Deuxièmement, les hévéas n'étaient pas envahis par les parasites, comme en Amazonie, et poussaient donc très bien.

Aujourd'hui, presque tout le caoutchouc naturel vient des plantations de Malaisie. Au début du XXe siècle, avec l'apparition des premières voitures et l'engouement pour les pneus gonflables, un vent de folie souffla sur la jungle. Des « barons » du caoutchouc peu scrupuleux obligèrent les Indiens à récolter le latex pour eux et firent fortune. Certaines villes s'enrichirent considérablement, comme Manaus au Brésil : l'opéra fut décoré avec des meubles et des tapis fabriqués en Europe et acheminés à grands frais via l'Amazone. Monsieur Eiffel en personne (celui de la Tour) fut sollicité pour dessiner le marché local. Mais alors que tous prospéraient (les barons du caoutchouc, mais pas les *seringueiros*, les collecteurs de latex), les plantations d'hévéas commencèrent à se développer. Ces mêmes barons firent faillite et les quelques Indiens qui avaient survécu retournèrent vivre dans la forêt.

OPÉRA DE MANAUS

Est-ce la peine d'aller plus loin ?

À force de remonter le fleuve, vous finissez par vous poser des questions : « Est-ce vraiment la peine d'aller plus loin ? Je passe mon temps à tirer ma pirogue. N'irais-je pas plus vite à pied ? » Le fleuve décide pour vous… Lorsque vous vous retrouvez devant une petite chute d'eau, vous pouvez décharger votre pirogue et la contourner, mais, parfois, vous êtes obligé de renoncer et de reconnaître que le fleuve est plus fort que vous ! Manolo refuse de continuer. Il vous conseille de laisser votre pirogue, de la remplir de pierres et de la couler dans une mare, où personne ne la découvrira. Et de poursuivre à pied. Il y a un village d'Indiens Namweyos à trois jours de marche, vers le nord-ouest. Avec un peu de chance, vous trouverez une piste qui vous y mènera. Manolo ne peut pas vous dire si les Indiens sont gentils ou non ; mais, puisque c'est vous qui avez décidé de venir, vous devez assumer le risque. Vous n'avez pas à vous inquiéter pour Manolo. Il ne mettra pas longtemps pour rentrer. Il construira un radeau en balsa et redescendra le fleuve jusque chez lui. Il y sera à la tombée de la nuit…

Maintenant, vous voilà seul !

CHAPITRE 4

À PIED DANS LA FORÊT

7e jour. Niveau des vivres : réduits à peu près de moitié. Manolo vous a laissé quelques bananes et un petit poisson qu'il a pêché hier.

La nuit tombe vite dans la forêt équatoriale. Le crépuscule dure peu. Le soleil se couche vers 18 h 30, puis il fait tout noir. La plupart des animaux sont actifs à l'aube et au crépuscule. Les petits bruits de la journée – pépiements des oiseaux et bourdonnements des insectes – cèdent la place à des vrombissements de moteur et des sonneries de téléphone, des grognements et des cris. D'où viennent ces bruits étranges ?

Chacun de ces bruits est produit par un animal. Lequel ?

A. Vrombissement de moteur
B. "Ouip-pour-ouil" – aigu
C. "Ouahou-ouahou" – grave
D. "Neunk" – grave
E. "Brip, brip, brip"

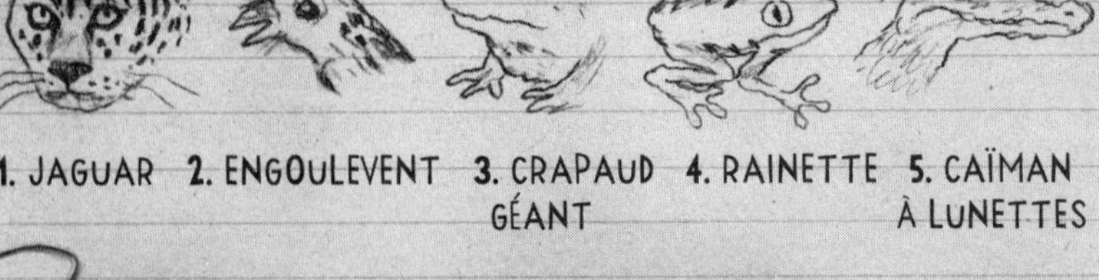

1. JAGUAR **2.** ENGOULEVENT **3.** CRAPAUD GÉANT **4.** RAINETTE **5.** CAÏMAN À LUNETTES

Réponses page 58.

Si vous éclairez la forêt avec votre lampe de poche, il se peut que la lumière soit réfléchie par les yeux d'un animal nocturne. Ceux des crocodiles semblent orange ; les araignées ont 8 yeux qui brillent dans le noir, telles de minuscules têtes d'épingles vertes. Les animaux nocturnes sont dotés d'une couche réfléchissante au niveau de la rétine (zone photosensible qui tapisse le fond de l'œil). Captant ainsi le maximum de lumière, ils voient même la nuit. La lumière se réfléchissant tout droit, tenez la lampe près de votre tête ; l'effet n'en sera que meilleur. Malheureusement vous attirerez les insectes qui vous tourneront autour du visage. Certains animaux se laissent ainsi approcher par les chasseurs. Les grands chats, comme les ocelots, détournent la tête lorsque le faisceau lumineux leur arrive dans les yeux. S'ils ne bougent pas, leur pelage tacheté les rend presque invisibles.

CAÏMAN À LUNETTES

Retrouvez les 4 animaux camouflés dans le sous-bois.

Vous avez trouvé l'ocelot, mais voyez-vous où se cache le boa constricteur ?

Réponse à la question de la page 56

A = 3, B = 2, C = 1, D = 5, E = 4

8e jour :

L'aube est à nouveau froide et brumeuse. Mais vous avez pris l'habitude d'enfermer vos affaires dans des sacs en plastique, pour les protéger de l'humidité, et de laver les assiettes sales, pour ne pas être embêté par les fourmis ou des animaux plus gros. Tandis que les premiers rayons du soleil éclairent l'arbre en face de vous, vous entendez les cris des aras qui cherchent des fruits, et un bruit qui ressemble d'abord au vent dans les arbres, puis à un moteur d'avion, puis aux rugissements d'une harde de lions…

Ce sont… des singes hurleurs !

Ils crient ainsi tous les matins (et tous les soirs). Chaque troupe hurle dans la jungle.

Quelque chose à essayer...

Répondez-leur. Parfois ils sont vraiment déroutés et vous regardent en hurlant. Vous pouvez faire la même chose avec beaucoup d'autres espèces de singes.

Avec les atèles, ou singes-araignées, criez en martelant très vite vos lèvres avec votre index. Vous imiterez ainsi le cri du singe-araignée qui a trouvé un fruit dans un arbre : "Eh, venez voir ! J'ai trouvé quelque chose à manger." Avec un peu de chance, vous attirerez plusieurs troupes qui se rassembleront à la cime des arbres pour vous regarder, se demandant peut-être pourquoi il n'y a rien à manger.

Avec les saïmiris, ou singes-écureuils, embrassez bruyamment la paume de votre main pour imiter leur cri de satisfaction lorsqu'ils mangent : "Tout va bien. Nous nous régalons. Venez voir."

Vous pouvez aussi essayer de siffler pour attirer l'attention des tapirs, mais faites attention. Les tapirs ne voient pas très bien et vous risquez d'avoir des ennuis, si vous sifflez comme une femelle. Un cameraman a été pourchassé par un mâle qui avait des intentions très particulières...

Vrai ou faux ?

1. Seuls les singes d'Amérique du Sud (platyrhiniens, dits singes du Nouveau Monde) ont une queue préhensile.

2. Les grands singes terrestres, comme les babouins ou les gorilles, ne vivent pas dans la jungle d'Amérique du Sud.

SINGE HURLEUR

3. Tous les singes d'Amazonie ont une caisse de résonance dans le larynx, qui amplifie leurs cris.

4. Certains singes d'Amérique du Sud chassent d'autres singes.

5. Certaines tribus d'Amazonie chassent et mangent du singe.

6. Tous les singes d'Amazonie s'approcheront de vous si vous imitez correctement leurs cris.

OUISTITI PYGMÉE

7. Au Brésil, le ouakari chauve est surnommé le "singe anglais", car il boit volontiers du thé lorsqu'il est apprivoisé.

8. Les ouistitis et les tamarins sont les plus petits singes d'Amérique du Sud.

Réponses page 62.

Réponses aux questions de la page 61

1. Vrai. Les singes du Nouveau Monde, tels les atèles, les alouates et les singes laineux, ont une queue préhensile (qui peut saisir). Les capucins peuvent eux aussi s'accrocher avec leur queue.

2. Vrai. Tous les singes d'Amérique du Sud vivent presque tout le temps dans les arbres.

3. Faux. Seuls les alouates ou singes hurleurs ont une caisse de résonance, qui amplifie le son comme la caisse d'une guitare ou d'un violon.

4. Faux. Seuls les chimpanzés de la forêt équatoriale africaine chassent d'autres singes. Les capucins mangent des insectes, des oiseaux et d'autres petites proies vivantes.

5. Vrai. Les grands singes, comme les atèles, sont souvent chassés. La queue touffue du pauvre saki barbu est très prisée ; on en fait des plumeaux.

6. Faux. Certains singes s'approcheront parfois de vous, sauf s'ils savent qu'ils seront tués. Les capucins bruns, ou singes siffleurs (*Mono Silvador* en Bolivie), vous répondront en sifflant, si vous imitez leurs cris.

CAPUCIN

OUAKARI CHAUVE

7. Faux. Il est appelé "singe anglais" parce que sa tête rose et chauve rappelle aux indigènes celles d'Anglais brûlés par le soleil.

8. Vrai. Le plus petit est le ouistiti pygmée, qui a la taille d'un téléphone portable.

Il est temps de poursuivre votre expédition.

Vous continuez à pied et ne pouvez donc pas être trop chargé. Vous devez laisser certaines choses. Parmi les objets ci-dessous, choisissez-en 3 dont vous pouvez vous passer. Réfléchissez bien.

Machette, bananes, boîtes de conserve, corde, plastique, couteau suisse, 2 sacs de riz de 1 kg chacun (vous en avez 2 autres), rame et appareil photo.

Calculez votre score à l'aide du tableau ci-dessous.

Bananes	50 points	Mangez-les tout de suite, car elles pourriront très vite.
Rame	50 points	Trop encombrante. Et inutile sans la pirogue. Laissez-la.
Boîtes de conserve	40 points	Trop lourdes. Comme vous êtes censé revenir par le même chemin, enfermez-les dans un sac ou enterrez-les. Vous les reprendrez au retour.
Corde	30 points	Trop lourde. Vous pourrez utiliser une liane à la place.
2 sacs de riz	20 points	Discutable. Emballez-les bien et cachez-les pour les reprendre à votre retour.
Plastique	10 points	Ne pèse pas lourd, mais vous pourrez construire un abri avec des feuilles de palmiers.
Appareil photo	5 points	Vous avez sûrement envie de prendre des photos, mais vous pouvez laisser les pellicules usagées, si vous êtes certain de revenir par le même chemin.
Machette	0 point	Indispensable.
Couteau suisse	0 point	Très léger et très utile.

Plus de 100 points
Excellent ! Vous avez fait les bons choix pour survivre dans la jungle.

Entre 50 et 100 points
Mon pauvre ! Vous êtes chargé comme un baudet. Tant que vous y êtes, pourquoi ne pas emporter aussi une machine à laver !

Moins de 50 points
Essayez-vous de vous compliquer la vie ? Reprenez votre pirogue et rentrez vite chez vous.

Vous repartez et comprenez vite qu'il est plus facile de marcher dans la forêt que le long du fleuve, où le sous-bois est dense, avec beaucoup d'« arbres du diable » et de lianes.

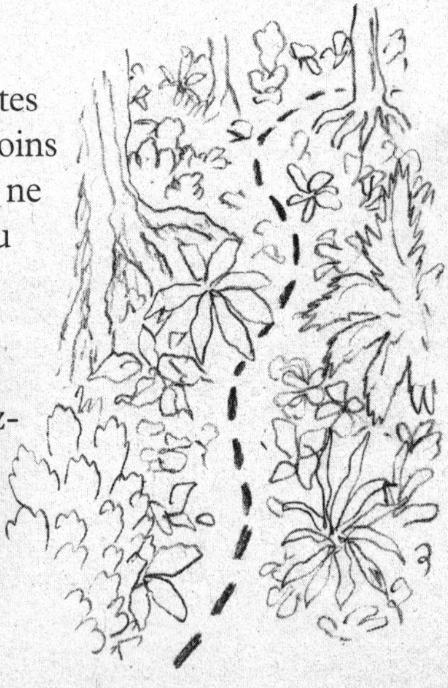

À l'intérieur de la forêt, vous êtes à l'ombre et le sous-bois est moins dense. Mais faites attention de ne pas mettre le pied dans un trou d'animal, car vous risquez de vous tordre ou de vous casser la cheville. Regardez aussi où vous mettez les mains – méfiez-vous des lianes épineuses et des serpents-lianes. Pour ne pas vous perdre, essayez de marquer votre chemin.

Comment marquer son chemin ?

• Servez-vous de votre machette.

• Ne marquez pas votre chemin à travers les fourrés. Évitez-les. À force de donner des coups de machette, vous ferez peur aux animaux et vous vous fatiguerez.

• Coupez en biais les tiges vertes et tendres. Pratiquez de petites encoches sur les troncs d'arbres ; il s'écoule parfois une sève rouge sang, qui se voit bien (elle vous aidera à retrouver votre chemin si vous vous perdez).

• Vérifiez que chaque marque est visible depuis la marque précédente. Ainsi, si vous devez revenir en arrière, vous verrez toujours où vous allez et d'où vous venez.

• Dirigez-vous à l'aide d'une boussole.

• Prenez comme points de repère des gros arbres ou des amas de lianes. Ils vous aideront à retrouver votre chemin, si vous vous perdez.

• Marquez des arbres chaque fois que vous changez de direction.

DIRECTION DANS LAQUELLE VOUS ALLEZ

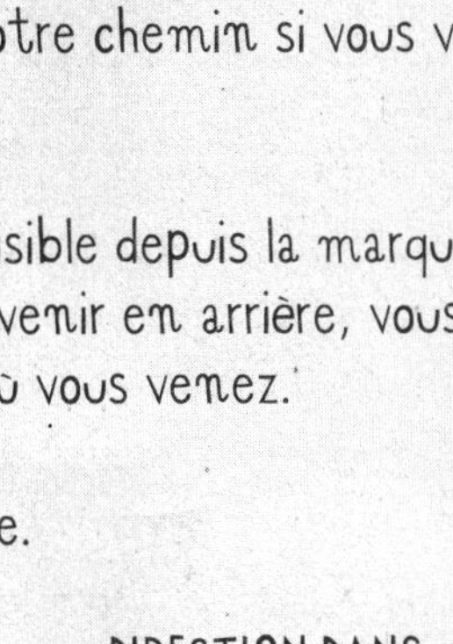

DIRECTION D'OÙ VOUS VENEZ

Si vous vous croyez perdu...
surtout ne paniquez pas !

Restez calme, marquez l'endroit où vous vous trouvez et essayez de vous en souvenir. Retournez sur vos pas. Si vous avez marqué correctement votre chemin, vous passerez tout près de l'une de vos marques. Vérifiez que ce sont bien les vôtres. Elles doivent être récentes et la sève doit continuer à couler. Ne suivez pas un chemin où des branches sont cassées à hauteur de la taille (un tapir est sans doute passé par là pour aller se baigner dans le fleuve).

Vous marchez toute la journée dans la forêt équatoriale, marquant les troncs d'arbres avec votre machette, de manière à retrouver votre chemin si vous vous perdez.

À la tombée de la nuit, vous avez marché presque 8 heures, toujours vers le nord-ouest, comme Manolo vous l'a conseillé, pour atteindre le village des Namweyos.

Mais vous n'avez trouvé aucun village, ni aucune clairière, ni aucun chemin prouvant que quelqu'un est déjà passé par là. Vous avez traversé plusieurs petits cours d'eau, dans lesquels vous avez rempli vos gourdes, et contourné un petit marais. Sinon, rien de spécial. À la fin de l'après-midi, tous les troncs d'arbres et toutes les lianes finissent par se ressembler. Vous décidez de vous arrêter pour la nuit, plutôt que de continuer et de risquer de vous perdre.

Vous allumez un feu pour faire chauffer de l'eau et sécher votre pantalon qui est trempé. Vous construisez un abri en vérifiant qu'aucune branche ne risque de vous tomber dessus pendant la nuit. Vous vous installez sous votre moustiquaire et vous vous endormez en écoutant les coassements des rainettes.

N'y a-t-il pas quelque chose que vous auriez dû vérifier ?… Les feuilles des arbres tout proches ne sont-elles pas entièrement grignotées ?

CHAPITRE 5

LA FORÊT ÉQUATORIALE EMPESTE !

Au petit matin, quelque part dans la forêt équatoriale d'Amazonie. Vous entendez le bourdonnement des insectes, les cris des perroquets et les hurlements des alouates.

9e jour. Niveau des vivres : bas, car en partie immangeables (vous avez laissé ouvert un des sacs de nourriture, lequel est rempli de fourmis).

Les fourmis ont aussi mangé votre pantalon ! Ce n'était pas une bonne idée de le laisser sécher dehors. Vous auriez mieux fait de l'accrocher sous la moustiquaire. Il est percé de toutes parts. Une colonne de fourmis parasol traverse la forêt. Certaines portent des fragments de feuille de la taille d'un ongle, d'autres des morceaux de quelque chose qui ressemble étrangement à votre pantalon ! Il n'y a plus rien à faire. Mais vous avez bien un pantalon de rechange, non ? Dépité, vous rallumez le feu, tout en balayant distraitement quelque chose sur votre bras. C'est encore une fourmi, mais celle-ci mesure plus de 3 cm de long. Est-ce une fourmi parasol ? Ou une fourmi légionnaire ?

Ou bien est-ce la redoutable fourmi Tucandeira ?

Identifier les fourmis

Fourmis Tucandeira

La fourmi Tucandeira est une fourmi géante, presque noire. Sa morsure provoque une forte fièvre qui dure 24 heures. Cette fourmi porte un dard dans sa queue, comme les guêpes.

FOURMI TUCANDEIRA

Fourmis parasol

Elles ne mangent pas les morceaux de feuille qu'elles transportent, mais les déposent sur les champignons qui poussent dans leurs colonies souterraines. Les « trains » de fourmis parasol sont gardés par des « soldats » dotés de puissantes mâchoires. Des Indiens les utilisent pour recoudre des plaies.

FOURMI PARASOL

Tenez la fourmi juste au-dessus de la plaie, pour qu'elle la recouse. Enlevez-la dès qu'elle a fini de "recoudre".

Fourmis de feu

Elles protègent férocement les arbres dont elles sucent la sève et les débarrassent des chenilles, des criquets et même de vous, si vous vous appuyez contre.

Fourmis légionnaires

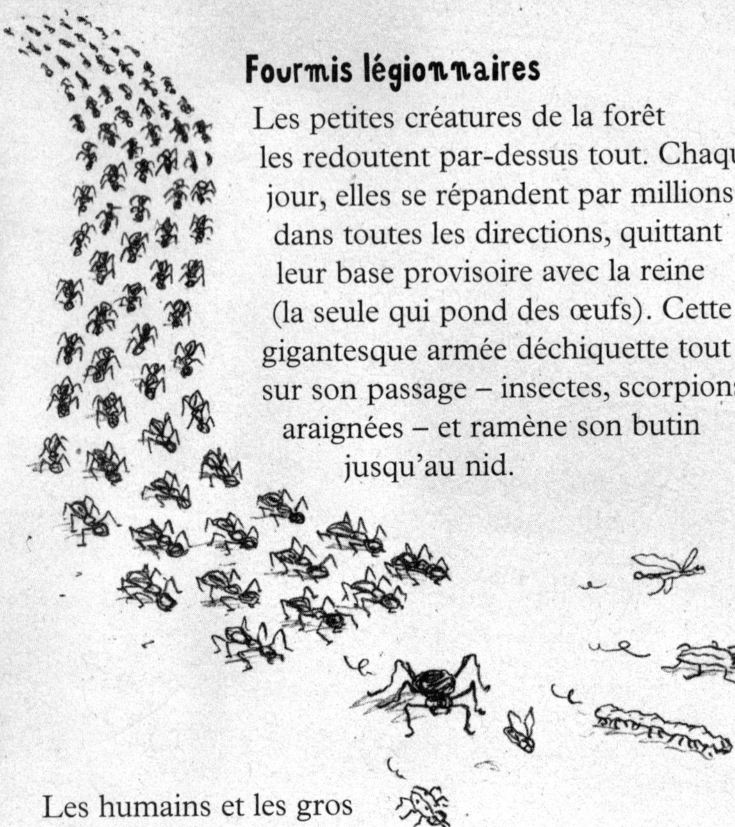

Les petites créatures de la forêt les redoutent par-dessus tout. Chaque jour, elles se répandent par millions dans toutes les directions, quittant leur base provisoire avec la reine (la seule qui pond des œufs). Cette gigantesque armée déchiquette tout sur son passage – insectes, scorpions, araignées – et ramène son butin jusqu'au nid.

Les humains et les gros animaux réussissent généralement à s'écarter. Les fourmis légionnaires sont souvent accompagnées par des « oiseaux des fourmis » qui mangent les scarabées et autres insectes qui tentent de s'échapper.

Les fourmis sont omniprésentes dans la forêt. Si vous rassembliez et pesiez tous les animaux qui y vivent – singes, jaguars, insectes et oiseaux –, les fourmis et les termites représenteraient plus de 90 % du poids total ! Pensez-y la prochaine fois que vous vous installerez pour la nuit au fin fond de la jungle !

Une autre chose très ennuyeuse...

Vous sentez...

Vous sentez vraiment mauvais !

Comme la forêt équatoriale ! Une odeur de champignons et de moisi. Toutes les feuilles et les branches qui tombent par terre sont écrasées et recyclées en éléments nutritifs. Lorsque vous marchez sur une branche, elle se transforme en bouillie, et des termites s'en échappent.

Le pire est que toute cette moisissure essaie aussi de vous recycler, vous et vos vêtements. Vous ruisselez de sueur et, si vous ne vous lavez pas correctement, vous risquez de développer des mycoses (affections provoquées par des champignons), sous les bras et entre les orteils. Vos vêtements, au contact de votre propre chaleur et de votre sueur, se couvrent de taches de moisi noires et se déchirent dès que vous les frottez, ce qui attire entre autres les moustiques. Non seulement leurs piqûres sont douloureuses et risquent de s'infecter, mais ils peuvent vous transmettre de redoutables maladies.

Ces maladies peuvent être beaucoup plus dangereuses que les serpents et les jaguars. Certaines sont même mortelles ! En voici quelques-unes :

Le paludisme

Provoqué par un parasite microscopique qui vit dans notre sang, et qui est transmis par un moustique lors d'une piqûre. Les symptômes sont faciles à déceler. Vous souffrez d'une fièvre intermittente : vous avez très chaud, puis très froid et vous transpirez. Vous êtes épuisé et votre tête cogne. Parfois vous avez la diarrhée. Selon l'espèce, vous pouvez guérir... ou mourir. Dans certains cas, la maladie devient chronique : vous avez des crises presque chaque année. Lorsqu'il n'existait aucun traitement, tous les malades en mouraient. Les Indiens des Andes la soignaient avec de la quinine, une substance amère provenant de l'écorce du quinquina.

Note : Le "Gin Tonic" fut inventé pour que les habitants des pays tropicaux, infestés de moustiques, aient leur dose quotidienne de quinine et soient ainsi protégés contre le paludisme. Le gin rendait ce breuvage moins amer. Aujourd'hui l'eau gazeuse contient toujours de la quinine, plus comme arôme que comme médicament.

La dengue et la fièvre jaune

La dengue se manifeste par des douleurs musculaires et articulaires et une brusque éruption ; la fièvre jaune par des maux de tête et de ventre et des lésions du foie, qui donnent à la peau une couleur jaune et sont souvent fatales. Il n'existe aucun traitement, si ce n'est boire beaucoup d'eau et attendre (la guérison peut prendre plusieurs semaines).

La leishmaniose

Cette maladie épouvantable est transmise par un petit moustique appelé phlébotome. Des nodules apparaissent sur les chevilles et les poignets, puis le nez est peu à peu rongé de l'intérieur. Autrefois, lorsqu'il n'existait pas de traitement, on se soignait en broyant et en mangeant les jeunes pousses d'une fougère particulière, ou en buvant un poison très connu, l'arsenic.

La maladie de Chagas (ou trypanosomiase américaine)

Redoutable maladie transmise par une punaise à raies rouges et blanches, le réduve, qui vit dans les fissures des murs des maisons couvertes de boue. La nuit, les réduves sortent et vous piquent, puis défèquent sur vous ! Si vous contractez cette maladie, vous mourrez subitement d'une crise cardiaque 10 ou 20 ans plus tard, sans avoir jamais su que vous étiez contaminé.

Vous êtes ennuyé non seulement par les moustiques, mais aussi par…

… les "abeilles de la sueur"

Les halictes, ou « abeilles de la sueur », sont attirées par la transpiration humaine (salée) qu'elles lèchent avec leur langue. Elles sont petites et ne piquent pas.

Alors, quel est le problème ?

Elles arrivent par centaines et se promènent dans vos cheveux, vos oreilles, vos yeux et sur votre nez (elles adorent la morve). Si vous en écrasez une, elle dégage une odeur de fromage qui attire les mâles. Des centaines d'abeilles viennent aussitôt voir ce qui se passe ! Des abeilles qui piquent se mélangent souvent à elles. Faites attention lorsque vous essayez de les chasser !

La meilleure solution consiste à ne pas bouger. Marquez votre chemin avec votre machette et restez immobile. Peut-être apercevrez-vous enfin des bêtes sauvages, plutôt discrètes ces derniers jours !

Animaux dangereux

Vous ne verrez pas beaucoup de gros animaux dans la forêt équatoriale. Elle est trop dense et les animaux préfèrent se cacher ou s'enfuir plutôt que de se retrouver face à un humain menaçant et sans doute affamé. Quelques-uns ont un comportement particulier lorsqu'ils se sentent menacés…

En cas de danger, comment réagissent ces animaux ?

1. FOURMILIER GÉANT

2. PÉCARI À LÈVRES BLANCHES

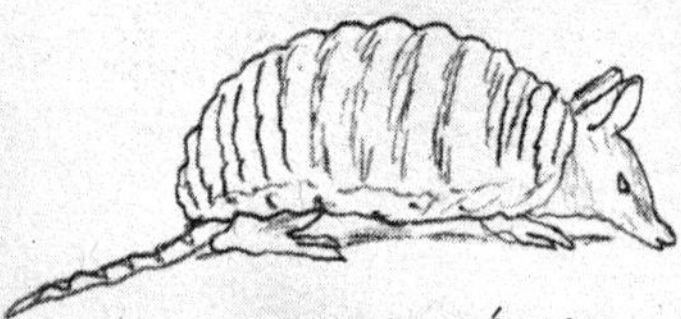

3. TATOU GÉANT

4. PARESSEUX À TROIS DOIGTS

5. TATOU À LONG NEZ

Lequel...

A. Saute en l'air, puis s'enfuit ?

B. Vous regarde d'un air mollasson, en agitant lentement une patte vers vous ?

C. Se dresse sur ses pattes postérieures et essaie de vous griffer ?

D. S'enterre dans un trou ?

E. Vous tient tête, en attendant d'être rejoint par 50 de ses semblables, et vous charge ?

Réponses page 80.

Serpents

Vous vous demandez sans doute pourquoi, nulle part dans ce livre, il n'a encore été question des serpents. Il y en a certainement partout dans la jungle. Des serpents venimeux, prêts à vous mordre au moindre geste provocateur, ou des anacondas géants qui essaieront de vous étouffer.

Réponse : ... **PARCE QUE CE N'EST PAS VRAI !**

C'est ce que vous voyez dans les films américains, qui veulent vous faire croire que la jungle est très dangereuse. Les serpents sont gentils – bon, c'est un peu exagéré. En tout cas, si vous rencontrez un serpent, dites-vous qu'il a plus peur de vous que vous de lui. La plupart sont inoffensifs ; dès qu'ils sentent des vibrations dans le sol, même les serpents venimeux s'enfuient longtemps avant que vous arriviez.

Vous n'en voyez presque jamais. Pas vrai ?

Cela dit, certaines espèces sont dangereuses.

ATTENTION !

Danger : un membre du Gang des serpents s'est échappé.

FER-DE-LANCE
Serpent à la tête pointue en forme de fer de lance. Venin mortel. Ne jamais s'en approcher, car il peut mordre même s'il n'est pas menacé. Vous enflez aussitôt et saignez abondamment. Parfois, la peau éclate et se déchire en lambeaux (heureusement vous serez mort avant et ne verrez rien !).

SERPENT CORAIL

Mortel, mais a de petites mâchoires, avec les crochets à l'arrière. A donc peu de chances d'ouvrir sa bouche assez grand pour mordre un grand coup !

À ne pas confondre avec le faux serpent corail (ci-contre), un serpent imitateur, qui prend l'apparence d'une espèce dangereuse pour ne pas être attaqué.

Si vous êtes mordu par un serpent venimeux, priez pour qu'il ne vous ait pas injecté trop de venin. Rappelez-vous que vous êtes beaucoup trop gros pour qu'il vous mange, et que les serpents mettent des semaines à reconstituer leurs réserves de venin. Ils ne tiennent pas à le gâcher en mordant un stupide explorateur qui ne regarde pas où il met les pieds !

Tout explorateur doit savoir si le serpent qui l'a mordu est mortel ou non. Si vous êtes mordu par un serpent corail aux couleurs vives, notez l'ordre des bandes de couleur.

Souvenez-vous…

Jaune, rouge, noir – pas de danger !
Jaune, noir, rouge – vous êtes mort !

Fredonnez-le tout en marchant…

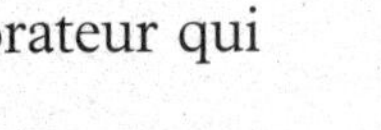

ANACONDAS

Ils peuvent être énormes – jusqu'à 10 mètres de long –, mais ne sont pas venimeux. Ils vivent souvent dans les cours d'eau et les marais. Grâce à leur poids, ils entraînent leurs proies sous l'eau et les noient.

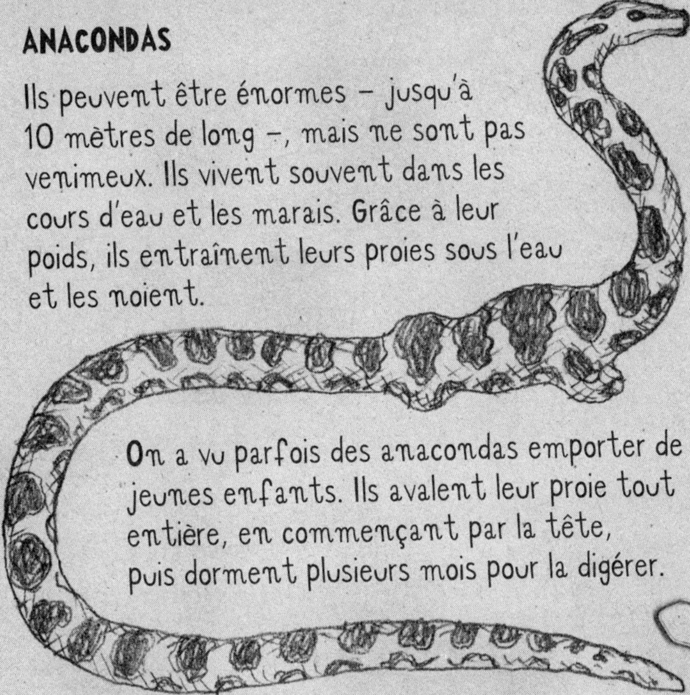

On a vu parfois des anacondas emporter de jeunes enfants. Ils avalent leur proie tout entière, en commençant par la tête, puis dorment plusieurs mois pour la digérer.

Vous commencez à ressentir une curieuse impression : celle de voyager de nulle part à nulle part. Lorsque vous vous réveillez le matin, vous ne voyez que des troncs d'arbres, des feuilles et des branches. Et le soir, lorsque vous vous endormez, c'est la même chose. Vous continuez d'avancer et de marquer votre chemin avec votre machette, sans avoir une idée précise de l'endroit où vous êtes. Au moins, votre sac à dos est moins lourd, vos réserves de nourriture ayant fortement diminué. Mais que ferez-vous lorsque vous n'aurez plus rien ? N'ayant pas de fusil, vous ne pouvez pas chasser, et il n'y a pas de poissons dans les cours d'eau que vous traversez. Si vous ne rencontrez pas bientôt les Namweyos, vous serez obligé de renoncer à la cité perdue et de revenir au fleuve, où vous pourrez pêcher des poissons.

Réponses aux questions de la page 76

1. C

Les fourmiliers géants sont très agressifs, mais aussi très myopes. Si vous ne bougez pas et restez suffisamment loin, ils ne vous attaqueront pas.

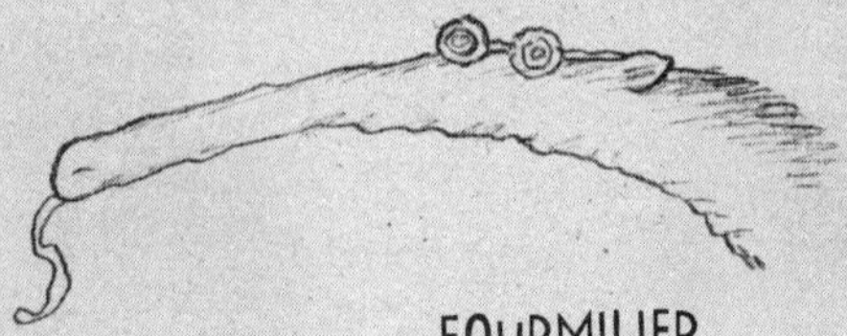

FOURMILIER GÉANT

2. E

Les pécaris à lèvres blanches sont sans doute les gros animaux les plus dangereux d'Amazonie. Ils se déplacent en bandes – jusqu'à une centaine. On entend de loin le claquement de leurs défenses, lorsqu'ils cherchent des racines et des vers dans les feuilles. Ils sentent très mauvais – une vieille odeur de sueur – et chargent en cas de menace. Il n'y a plus alors qu'à grimper à un arbre, même si on a déjà vu des pécaris encercler l'arbre et essayer de le déraciner !

3. D

Une fois enterrés dans leur trou, les tatous sont protégés par leur carapace. Ils ne craignent aucun prédateur, hormis les chasseurs. Malheureusement les tatous géants deviennent de plus en plus rares.

TATOU GÉANT

4. B

Les paresseux se déplacent si lentement que ni les humains ni leurs prédateurs ne les voient. Leurs poils raides sont couverts d'algues vertes (comme la mousse sur les mares), qui les aident à se camoufler dans les arbres. Si vous voyez un paresseux par terre, c'est généralement qu'il satisfait un besoin naturel, ce qu'il ne fail qu'une fois par semaine, et jamais du haut d'un arbre – sans doute parce qu'il vit la tête en bas...

5. A

Les tatous à long nez sautent en l'air, puis s'enfuient à toute vitesse, laissant leurs prédateurs stupéfaits. Ceux-ci sont si étonnés qu'ils en oublient de les poursuivre.

TATOU À LONG NEZ

En marchant dans la forêt, vous trouvez...

… des branches fraîchement cassées, de la sève qui coule.

A. Vous avez marché en rond. Ce sont les marques que vous avez faites deux jours plus tôt.

B. Ce sont les marques de quelqu'un d'autre. Les Namweyos ? Cela vaut peut-être le coup de voir où elles mènent.

C. C'est la piste d'un tapir. Ignorez ces marques et continuez.

Tournez la page pour voir si vous avez raison.

CHAPITRE 6
LE VILLAGE

10e jour. Niveau des vivres : bas. Plus de sucre, ni de chocolat. Encore un peu de riz, mais pas assez pour tenir.

B était la bonne réponse.

Ce ne sont pas vos propres marques, car elles sont trop basses. Elles ont sans doute été faites par quelqu'un de plus petit que vous. Il y a aussi des traces de pas… **de pieds nus !**

On marche beaucoup plus vite en suivant une piste qu'en se frayant un passage à travers la forêt, comme vous l'avez fait les jours précédents. Les animaux le savent bien. Vous voyez des empreintes de jaguar, de puma et de tapir dans la boue. Dans cet espace dégagé, il y a aussi beaucoup d'insectes que les araignées – leurs toiles sont pile à la hauteur de votre tête – essaient d'attraper.

Alors que vous êtes tout excité de pouvoir enfin avancer plus vite, voilà que vous vous prenez la tête dans une toile d'araignée toute collante, et qu'une énorme araignée vous grimpe sur le nez. Chassez-la vite, avant qu'elle vous morde, et crachez les mouches mortes qui étaient dans la toile (et qui vous sont entrées dans la bouche).

Selon vous, à quoi ressemblent les Indiens ?

Répondez aux questions ci-dessous.

1. Quelle tenue portent-ils ?

A. Un pantalon à franges et des plumes?
B. Un chapeau melon et une grande robe ?
C. Une tenue normale ?
D. Presque rien ; cheveux coupés au bol et arc ?

2. Que mangent- ils ?

A. Manioc, plantain et autres cultures ?
B. Pécaris et autres animaux sauvages ?
C. Oeufs de tortue ?
D. Poissons ?

3. Avec quoi chassent-ils ?

A. Un arc et des flèches ?
B. Une sarbacane et des flèches empoisonnées ?
C. Un fusil ?
D. Une lance ?

4. Comment se déplacent-ils ?

A. À pied ?
B. En pirogue ?
C. En bicyclette ?
D. En camion ?

5. Comment réagiront-ils lorsqu'ils vous verront ?

A. Ils vous tireront dessus ?
B. Ils s'enfuiront et se cacheront dans la forêt ?
C. Ils vous voleront tout votre matériel *high tech* et peut-être aussi votre argent ?
D. Ils vous vénéreront comme un dieu ?

Voyons si vous avez bien répondu...

1. Tenue vestimentaire

Aucune de celles-ci ; **A** est un Indien d'Amérique du Nord et **B** un Indien Aymara des Andes.

2. Alimentation

Tout cela : tout ce qu'ils peuvent trouver et qui se mange – animaux sauvages, poissons d'eau douce, œufs de tortue. Les Yanomanis du Venezuela raffolent des œufs de tarentules frits. La nourriture des Indiens n'est pas toujours appétissante, mais, lorsque la forêt est la seule source de nourriture, force est de s'adapter. Si l'idée de manger des pattes de tarentules ou des champignons vénéneux vous répugne, pensez que nous sommes ravis de manger de la viande hachée de bœuf, coincée entre deux tranches de pain bien grasses !

3. Chasse

Ils utilisent toutes ces armes. Certaines tribus, comme les Xavantes du Brésil, sont réputées pour leur habileté à manier l'arc. Ils apprennent même à tenir l'arc avec les pieds, ce qui augmente considérablement la puissance du tir.

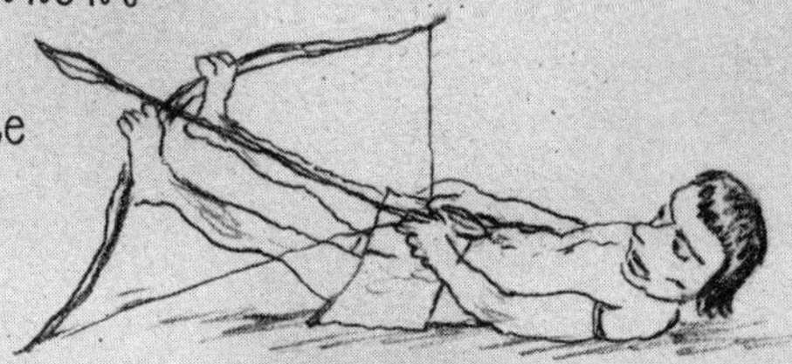

INDIEN XAVANTE

BAMBOU POINTU (POUR LE GROS GIBIER)

BAMBOU ÉMOUSSÉ (POUR LES OISEAUX)

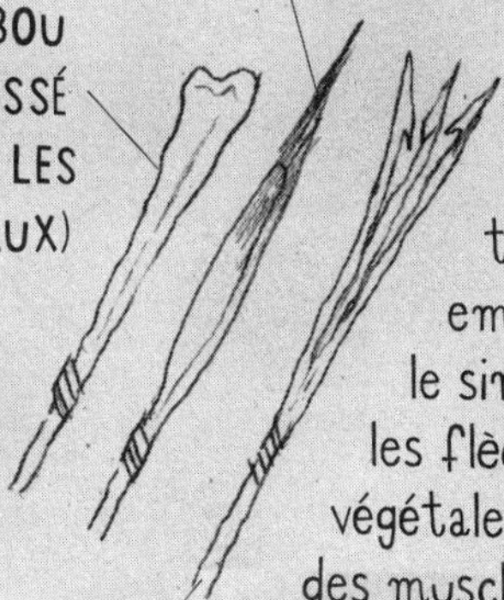

TRIPLE CROCHET (POUR LES POISSONS)

La pointe des flèches varie selon la cible – poissons, oiseaux ou gibier. Les Indiens tirent parfois des flèches empoisonnées. Lorsqu'ils chassent le singe, par exemple, ils enduisent les flèches de curare, une substance végétale qui provoque le relâchement des muscles. Le singe devient alors tout mou et tombe par terre.

Le curare est parfois utilisé en chirurgie, comme relaxant musculaire.

ATÈLE PARALYSÉ

Certaines tribus utilisent le venin sécrété par les glandes cutanées des dendrobates. Ces grenouilles ont des couleurs vives (rouges, jaunes ou même bleues) qui effraient les prédateurs. Leur venin, qui est mortel, peut passer à travers la peau.

DENDROBATE

Ne touchez jamais une grenouille dans la jungle !

Seules quelques tribus d'Amazonie, comme les Waoranis d'Équateur, se servent de sarbacanes. Ils tuent les oiseaux avec des flèches empoisonnées. Aujourd'hui, les Indiens préfèrent les fusils, plus efficaces et plus simples à utiliser que les flèches et les sarbacanes.

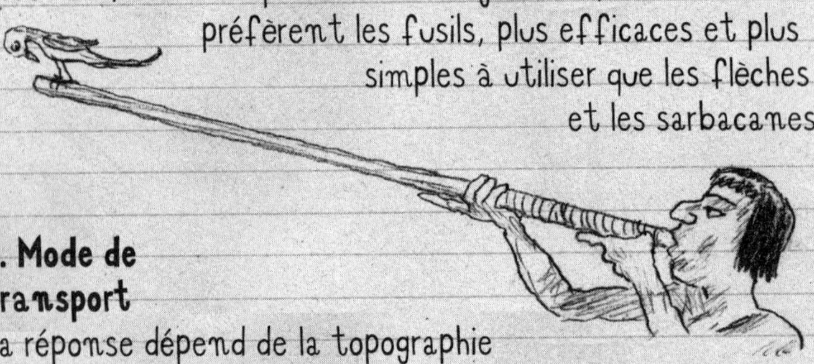

4. Mode de transport

La réponse dépend de la topographie de la région et de l'état des routes. Dans les régions découvertes où les routes sont bonnes, les Indiens circulent en bicyclette, à cheval ou même en voiture. Il faut savoir que, si la plupart des habitants du Bassin amazonien sont indiens ou ont du sang indien, seuls quelques-uns ont gardé un mode de vie traditionnel ; la majorité vit plus ou moins comme vous et moi.

5. Réaction

Toutes sont possibles, sauf **D**. Les Namweyos risquent de vous ignorer. Vous n'êtes pas assez intéressant pour qu'ils interrompent leurs activités. Ils ont sans doute déjà rencontré beaucoup de gens comme vous.

LA MALOCA DES NAMWEYOS

La *maloca*

Les habitants du village sont heureux de vous faire visiter leur *maloca*, ou maison communale. Vous êtes encerclé par des enfants qui veulent tout vous montrer, et même quelques hommes, qui ne sont pas partis chasser et qui somnolent dans leur hamac, et les femmes, qui mâchonnent du manioc et le recrachent pour faire du *cassiri* – une boisson alcoolisée à base de manioc fermenté.

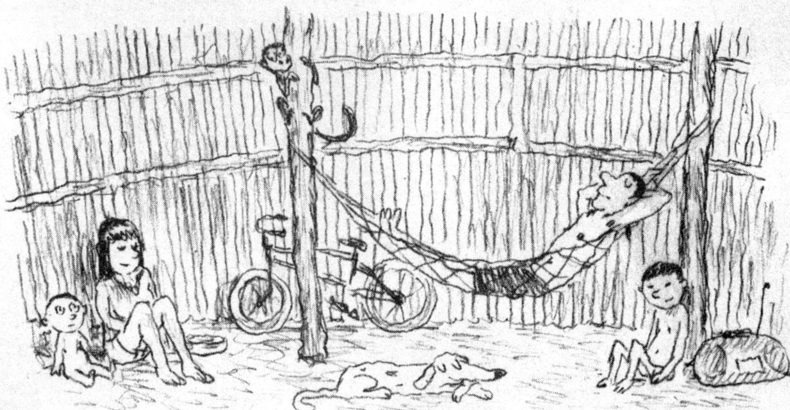

À L'INTÉRIEUR DE LA MALOCA

Le manioc cru est un poison. Il contient du cyanure ! Comment les Indiens ont-ils découvert qu'il fallait le faire cuire ?

L'intérieur de la *maloca* est sombre et enfumé. Une trentaine de personnes peuvent y dormir en famille, dans des hamacs. Il n'y a pas beaucoup d'objets. Les Indiens ne possèdent pas grand-chose. Ils partagent presque tout – y compris vos propres affaires, si vous ne faites pas attention. Ils fouillent facilement dedans et en empruntent certaines. Cela ne veut pas dire nécessairement qu'ils volent. Ils ne savent pas forcément que vous êtes très attaché à la montre ancienne que vous avez héritée de vos grands-parents. Même si vous tenez à tout ce que vous avez, n'oubliez pas que vous avez besoin de l'aide des Namweyos. Ils sont les seuls à connaître le chemin qui mène aux montagnes.

Avant de vous guider, ils veulent peut-être consulter leur chef ou leur chaman.

Le chaman

De nombreuses tribus d'Amazonie n'ont pas de chef à proprement parler, ou, si elles en ont un, il n'est pas tout-puissant – contrairement à ce que croient être certains des nôtres. Quelques tribus ont un chaman, qui connaît les plantes de la forêt et sait comment en extraire des substances médicinales. Parfois le chaman entre en transe, pour parler avec les esprits des animaux de la forêt, ou pour voir dans les yeux et communiquer avec des membres de la tribu qui vivent à plusieurs kilomètres de là. Vous êtes libre de croire ou non en ses pouvoirs. De nombreuses personnes ont été convaincues en entendant le chaman dire des choses qu'il ne pouvait pas savoir.

En 1997, Lars, un jeune Norvégien qui travaillait dans un village tacana, dans la forêt bolivienne, partit à la recherche d'une tribu éloignée, qui pourrait l'aider à étudier les plantes médicinales. Il se perdit et se retrouva au bord d'un grand fleuve ; il décida alors de construire un radeau en bois de balsa et de descendre le fleuve jusqu'à ce qu'il rencontre quelqu'un qui le ramène à son village. Lorsqu'il y arriva, 7 semaines plus tard, les villageois lui dirent qu'il ressemblait à un alouate, car il avait beaucoup maigri et portait une longue barbe rousse. Ils ne s'étaient pas inquiétés pour lui, car ils avaient toujours su où il était grâce à Francisco Navi.

Francisco Navi était le chaman du village. Lars raconta que, lorsqu'il lui avait serré la main, il avait ressenti comme une décharge électrique. Francisco Navi relata au jeune Norvégien tout ce qui s'était passé pendant son périple.

- Vous vous souvenez du jour où vous mouriez de faim et où vous avez trouvé ces pommes de terre sous un buisson ?

Lars s'en souvenait très bien.

- C'est moi qui les avais mises là ! dit le chaman, qui lui expliqua qu'il était intervenu chaque fois que Lars avait eu besoin d'aide.

Comment réduire une tête ?

Les Shuars de l'Amazonie équatorienne étaient des réducteurs de têtes. Ils entraient dans les villages des tribus voisines, enlevaient les femmes et les enfants, et tuaient et décapitaient les hommes. Pour devenir un "homme", il fallait combattre et prendre au moins une tête. Les Shuars croyaient qu'en la conservant ils conservaient aussi la force du guerrier qu'ils avaient tué. Voici comment ils procédaient :

INSTRUCTIONS

1. Prenez une tête fraîchement décapitée et incisez-la derrière.

2. Soulevez la peau et sortez le crâne.

3. Cousez les yeux et les narines, ainsi que le trou par lequel vous avez sorti le crâne, mais laissez un petit espace que vous fermerez après avoir rempli la tête.

4. Faites chauffer du sable et versez-le dans la tête, avec un mélange d'herbes.

5. Répétez l'opération plusieurs fois, en alternant du sable chaud et froid.

Et voilà...
la tête est réduite !

Les Namweyos vous ont accueilli dans leur village et vous nourrissent, mais ils se demandent ce que vous faites là. Ils ne comprennent rien de ce que vous dites, et réciproquement. Vous avez essayé d'expliquer par signes que vous vouliez aller dans les montagnes et avez dessiné des temples sur le sable. Résultat : ils vous ont donné une énorme quantité de manioc, et le chaman vous a parlé pendant des heures (vous n'avez pas la moindre idée de ce qu'il vous a dit).

Au bout de quatre jours, alors que vous étiez sur le point de renoncer à votre expédition, deux jeunes hommes, Tico et Tubachi, prennent votre sac à dos et quittent le village. Sans rien dire aux membres de leur tribu, ils s'enfoncent dans la forêt équatoriale. Vous les suivez. Vous n'avez pas le choix : ils ont vos affaires !

TICO

TUBACHI

CHAPITRE 7

DANS LES MONTAGNES

14e jour. Niveau des vivres : suffisant pour quatre jours – un peu de manioc bouilli et des morceaux de viande de tapir que les Namweyos vous ont donnés. Un sac de riz, en réserve en cas de besoin.

Tico et Tubachi, vos guides namweyos, marchent d'un bon pas. Ils avancent silencieusement dans le sous-bois, tandis que vous pataugez dans la boue. Vous essayez d'accélérer, mais vous vous cognez contre les palmiers et quittez le chemin. À chaque fois, Tico vous siffle et vous indique la bonne direction d'un signe de tête. Tubachi sourit en disant quelque chose dont vous ne comprenez que la fin, lorsqu'il vous regarde en gloussant. De nouveau vous quittez le chemin, vous glissez, vous vous emberlificotez dans les lianes et prenez du retard, beaucoup de retard.

Enfin, vous rejoignez vos guides. Ils sont étendus par terre et ne bougent pas. Vous arrivez à leur hauteur, juste à temps pour entrevoir une longue queue tachetée disparaître dans le sous-bois. Vous croyez distinguer le corps d'un gros chat – avec des taches sur le cou et des anneaux rouges sur les flancs.

– Un tigre ! chuchotent vos guides.
Mais ce n'en est pas un – les tigres vivent en Asie.
Alors qu'est-ce que c'est ?

Ce pourrait être un margay, un ocelot ou un jaguar...

Margay – cou rayé, taches, longue queue
Ocelot – cou rayé, taches, queue courte
Jaguar – de taille variable, taches en "rosettes"

Parfois vous voyez des jaguars noirs, comme il y a des panthères noires en Asie. Si vous pouviez les examiner de près, vous verriez leurs taches, disséminées sur une robe noire. Les jaguars noirs sont rares ; dans de nombreuses régions, on croit qu'ils ont un pouvoir magique et qu'ils portent chance ou malchance. Au fait, vous souvenez-vous que les jaguars tucnt leurs proies en leur broyant le crâne d'un coup de dents ? Pensez-y la nuit, lorsque votre tête dépasse de l'abri où vous dormez.

Avez-vous deviné ?

Le chat était un margay – le mélange de taches et de raies et la longue queue sont caractéristiques.

Il est difficile de distinguer les margays et les ocelots. Les premiers sont généralement plus petits – moins de 1 mètre. Ils chassent les animaux dans les arbres et ont des chevilles très souples, qui leur permettent de descendre le long des troncs. Les ocelots chassent par terre ; ils sont plus longs et plus bas sur pattes, pour se faufiler dans le sous-bois.

Vous grimpez vers les montagnes ; la jungle devient plus froide et encore plus humide. Vous voyez des fougères arborescentes et de nombreux arbres couverts de mousse et d'amas de feuilles piquantes, ou de broméliacées. Vous êtes arrivé dans la forêt brumeuse, là où les nuages se condensent chaque nuit, alimentant directement les plantes en eau.

BROMÉLIACÉE

Les broméliacées poussent accrochées aux branches des arbres, où elles captent la lumière du soleil. Elles recueillent l'eau de pluie dans un réceptacle, sous leurs feuilles. Si vous voulez boire, méfiez-vous des insectes, des larves de moustiques et des têtards qui vivent dans ces minuscules mares haut perchées.

FOUGÈRE ARBORESCENTE
ET BROMÉLIACÉES

Vos guides ne connaissent pas très bien cette partie de la forêt. Ils n'y viennent que rarement, pour chasser des oiseaux aux plumes colorées et ramasser des écorces de quinquina, utilisées contre le paludisme.

COQ DE ROCHE

Il y a un animal qu'ils redoutent par-dessus tout, mais qu'ils n'ont jamais vu… **LE ROI SINGE**. Ils le décrivent ainsi :

- Il a la taille d'un homme.
- Il est brun ou noir, avec de longs poils hirsutes.
- Il vit sur les hautes crêtes, sur le cœur tendre d'une espèce particulière de palmier.
- Il arrache les palmes à mains nues et est si fort qu'il peut lancer un homme en l'air.
- Il se balance d'arbre en arbre comme un atèle.
- Il ressemble à un atèle, mais est dépourvu de queue.
- Sa tête ressemble à celle d'un chien, avec des marques blanches.

Qu'est-ce que cela peut être ?

Un ours à lunettes...
un singe géant...
ou un atèle sans queue ?

OURS À LUNETTES

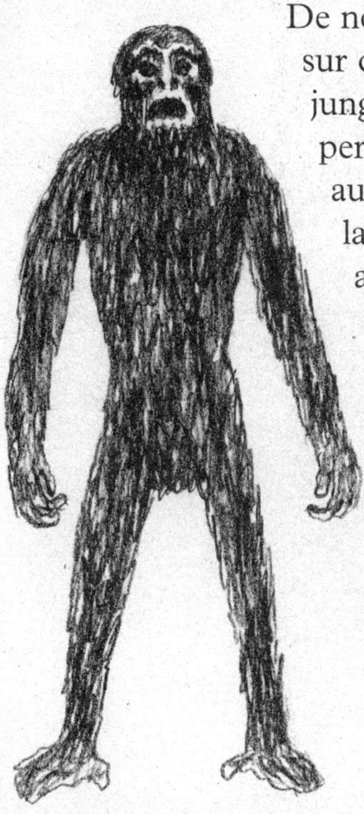

LE "SINGE" PHOTOGRAPHIÉ PAR DE LOYS EN 1920

De nombreuses rumeurs circulent sur ces mystérieuses créatures de la jungle d'Amérique du Sud, mais personne n'en a jamais capturé aucune. La seule « preuve » est la photo d'un cadavre prise au Venezuela, en 1920, par des explorateurs attaqués par une créature ressemblant à un singe. Ils n'avaient plus rien à manger et des Indiens leur tiraient dessus. Leur chef, De Loys, expliqua par la suite que le cadavre n'avait pas supporté le voyage. Le crâne, dans lequel ils avaient conservé leur réserve de sel, était déformé et la peau avait pourri. Mais qu'était devenu le reste ? Les explorateurs, paraît-il, étaient si affamés qu'ils avaient tout mangé...

Vous êtes maintenant en haut d'une des crêtes qui mènent aux montagnes. Il n'y a pas de chemin et Tico et Tubachi se frayent un passage à travers la végétation sans se servir de leur machette. Vous traversez des éboulements boueux. Vos guides, qui marchent pieds nus, avancent facilement, tandis que vous glissez à plusieurs reprises ; à chaque fois, heureusement, une main secourable vous rattrape de justesse et vous empêche de tomber. Soudain Tubachi s'arrête, apparemment sans raison. Vous apercevez alors des rochers d'où émergent des racines. Ils sont rectangulaires, et tous de la même taille. Ce sont des briques. Un mur se dressait là autrefois. Tico et Tubachi ne veulent pas aller plus loin. Ils coupent des palmes pour se construire un abri et vous font signe de continuer…

CHAPITRE 8

LA CITÉ PERDUE

16e jour. Niveau des vivres : bas ; commencent à pourrir (vous avez toujours un sac de riz en réserve).

Quelques faits

On continue de découvrir des cités perdues dans la jungle d'Amérique du Sud. Pourquoi personne ne les a trouvées avant ? Comment ces cités ont-elles progressivement "disparu" ?

Nous sommes dans la forêt équatoriale. Ici, tout pousse si vite que ce qui ne pousse pas pourrit rapidement.

Les champignons et les moisissures décomposent le bois et les vêtements en l'espace de quelques mois. Le cuivre se désintègre. La pierre demeure, mais elle finit par se casser à cause des racines qui pénètrent dans les fissures. Les murs s'effritent et s'écroulent. Les feuilles tombent et sont recyclées dans le sol. Arbres et fougères finissent par tout recouvrir. En l'espace d'un siècle, la forêt a tout envahi. Vous pourriez vous trouver au milieu des ruines d'une ville et ne pas le savoir.

Rapidement les lianes et les plantes rampantes occupent le moindre espace vide, prenant par exemple la place des gros arbres qui tombent. Le vent éparpille les graines des balsas et des cecropias ; ces arbres poussent à toute vitesse, formant une canopée de feuilles parasol qui captent le maximum de soleil. D'autres arbres poussent en dessous – leurs graines se trouvaient dans les excréments de tapirs ou d'oiseaux frugivores, tels les cassiques. Des graines sont même plantées par des animaux, comme les agoutis. Ceux-ci enterrent des noix du Brésil, mais oublient souvent où ils les ont cachées.

AGOUTI

Certaines cités ressemblent ainsi tellement à la forêt environnante qu'elles deviennent des « cités perdues ». Un jour, quelqu'un en découvre une ; seul cet agriculteur ou ce chasseur en connaît l'emplacement, ou bien la tribu en fait un lieu sacré ou interdit.

L'archéologue américain Hiram Bingham « découvrit » la ville inca de Machu Picchu en 1911. Il traversa les montagnes du Pérou, recherchant la cité perdue, abandonnée par les Incas après l'invasion de Cuzco, leur capitale, par les conquistadors espagnols. Hiram dut emprunter des ponts suspendus au-dessus de cours d'eau tumultueux, traverser des forêts de bambous et grimper sur des échelles en bois adossées à des falaises vertigineuses. Mais jamais il n'aurait trouvé les ruines, désormais célèbres, sans un agriculteur indien qui retournait à son campement. L'homme lui dit qu'il y avait des maisons en ruines en haut d'une montagne et qu'il pouvait l'y conduire – moyennant finances ! Le lendemain matin, ils gravirent sous la bruine les 700 mètres de dénivelé, marchant dans des hautes herbes infestées de serpents, et s'agrippant aux rochers avec le bout des doigts.

Mais lorsque Hiram arriva en haut, des gens étaient déjà là - un groupe d'Indiens souriants accueillit les explorateurs et leur offrit de l'eau fraîche.

Un peu plus tard, Hiram Bingham découvrit une autre cité, plus loin dans la forêt équatoriale. Il l'appela *Espiritu Pampa* – « la plaine des fantômes ». Elle était tellement envahie par la végétation qu'il ne réalisa pas combien elle était grande. Il comprit par la suite que Espiritu Pampa était la vraie cité perdue, la capitale des Incas, et non Machu Picchu.

Des vestiges d'une autre civilisation perdue furent découverts plus récemment, également au Pérou. Les Chachapoyas vivaient à la même époque que les Incas (il y a environ 600 ans) et se battaient contre eux - des centaines de haches et de lances ont été retrouvées. On a aussi découvert des corps momifiés dans des tombes. Malheureusement, un certain nombre d'entre elles ont été détruites et pillées ;
les voleurs ont pris tous les objets en or et en pierres précieuses qu'ils ont pu trouver. Une cité perdue ne reste jamais longtemps perdue !

Parfois la chance permet de découvrir des ruines. Jusqu'en 1995, personne ne connaissait l'existence des immenses pyramides mayas de Tulum, au Guatemala, Amérique centrale. Elles étaient recouvertes d'une végétation si dense qu'on pensait qu'il ne s'agissait que de collines. Ce fut en étudiant une photo prise par satellite que les archéologues réalisèrent que ces collines étaient espacées de manière trop régulière pour être naturelles. Ils se rendirent sur place et, à force d'arracher la végétation et de creuser la terre, ils tombèrent sur les ruines de plusieurs temples. Mais l'incroyable découverte qu'ils firent ensuite est due uniquement à la chance. Un jour, alors que l'un des archéologues faisait le tour des ruines, il tomba dans un trou. Il avait juste le haut du buste qui dépassait, tandis que ses jambes pendaient dans ce qu'il pensait être un repaire de serpents venimeux.

Il resta immobile et n'émit aucun son pendant des heures, craignant de se faire mordre. Un de ses compagnons finit par le trouver et l'aida à sortir du trou. Il ne contenait aucun serpent, mais était très profond - de la hauteur de 3 étages ! Ils se trouvaient sur le toit d'un immense temple, mais ils l'ignoraient !

Toutes ces cités étaient en pierre ; il en est donc toujours resté quelque chose. Mais, dans de nombreuses régions d'Amazonie, il n'y avait pas assez de pierres pour construire. Avant l'arrivée des Européens, des centaines de milliers de personnes habitaient le long de l'Amazone. Dans les plaines de Bolivie, inondées la moitié de l'année, vivait une grande civilisation : les Moxos. Ils bâtirent leurs villes sur d'énormes monticules de terre et percèrent des canaux pour drainer les plaines marécageuses. Leurs maisons étaient en bois, avec des toits en feuilles de palmier. Aujourd'hui, les digues et les monticules existent toujours, mais pas les villes.

Observez ce dessin. Voici ce que vous découvrez de l'autre côté du mur, au-delà duquel Tico et Tubachi n'ont pas voulu aller. Essayez de trouver le temple en vous aidant des indices.

Quel animal s'est installé dans les décombres, en bas ?

Indices

Vous éclairez le trou avec votre lampe et voyez deux yeux orange qui vous regardent, puis s'éteignent, lorsque leur propriétaire détourne la tête. Vous apercevez fugitivement sa robe : taches foncées sur un fond assez clair.

Vous devriez savoir quel est cet animal, d'autant qu'il se met à émettre un ronronnement sourd, comme le moteur d'un vieux camion rouillé qui démarre. Vous n'avez toujours pas deviné ? Les indices : empreintes ressemblant à celles d'un chat… détourne la tête, évitant la lumière… des taches en rosettes… et un ronronnement sourd…

Un jaguar !

Le voilà qui se précipite vers vous !

Vous restez pétrifié quelques secondes, à la fois terrifié et exalté à l'idée que vous réussirez peut-être à le faire fuir.

Le jaguar bondit…

… par-dessus vous ; il atterrit presque sans bruit derrière vous et disparaît dans le feuillage.

Vous êtes secoué. Votre cœur bat à toute vitesse, mais vous avancez pour examiner un objet qui brille. C'est une figurine en or – mi-homme, mi-chat –, un dieu ou un démon. Voilà de quoi prouver à ceux qui en doutaient qu'après tant de mésaventures vous avez enfin trouvé la cité perdue que vous cherchiez.

Lorsque vous rentrerez chez vous, vous serez célèbre. La télévision et la presse nationale et internationale voudront savoir comment vous avez fait...

Mais vous devez d'abord rentrer chez vous. Saurez-vous retrouver votre chemin ? Étudiez la carte ci-contre et déterminez les hexagones par lesquels vous devez passer pour rentrer.

Attention ! Vous n'êtes pas passé partout !

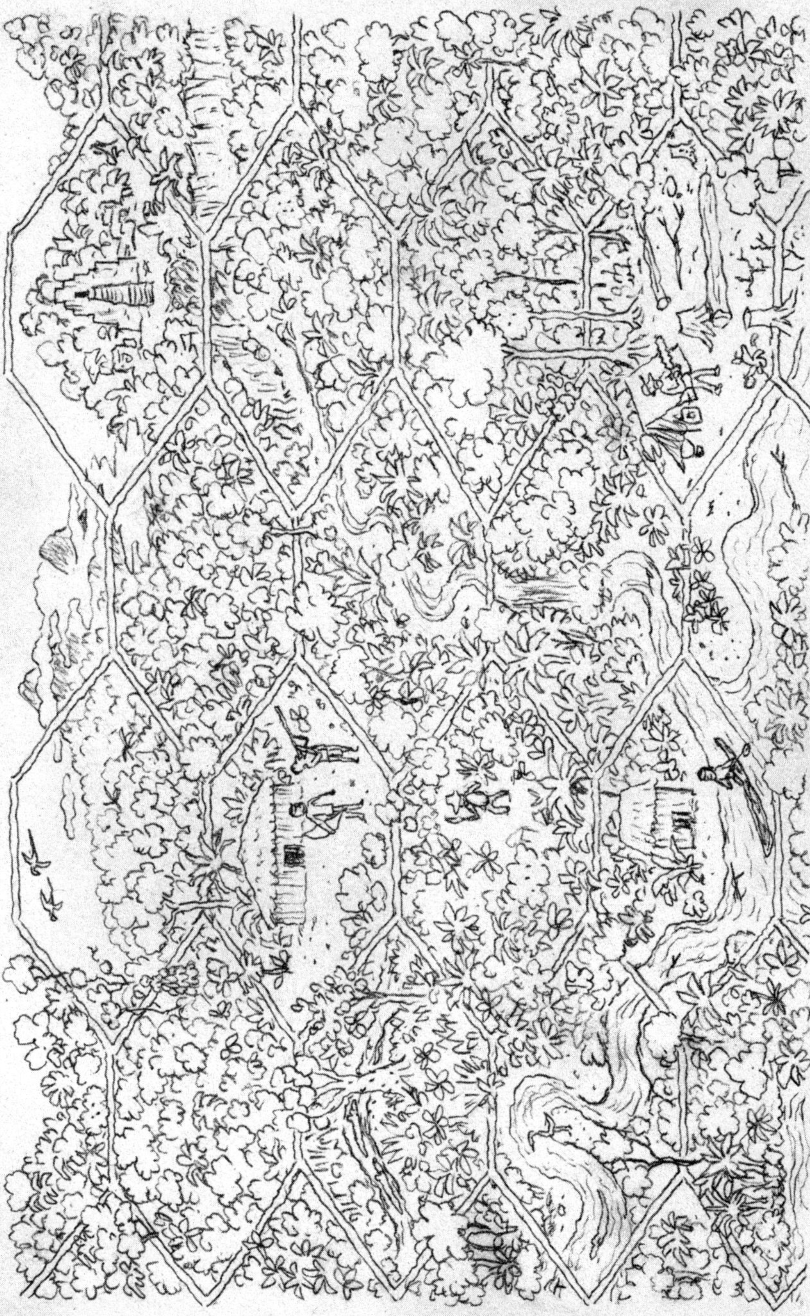

Réponse

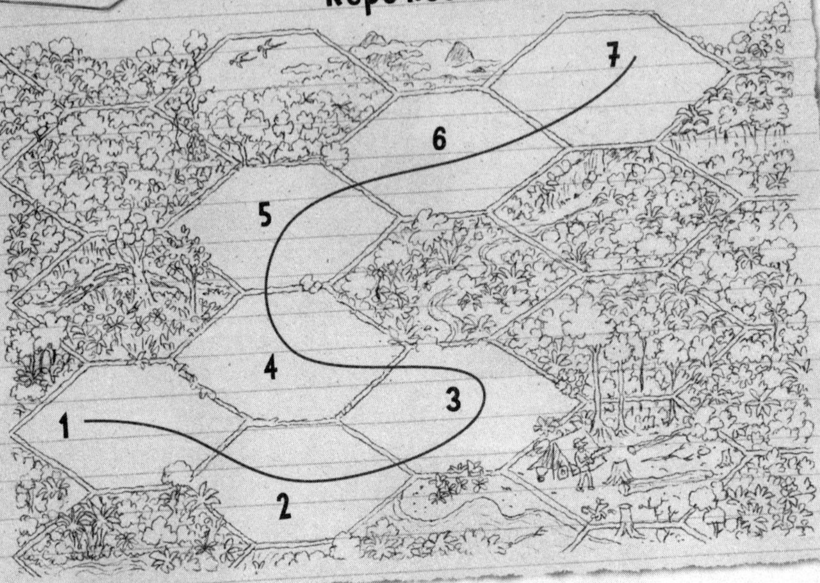

Pour rentrer, servez-vous de tout ce que vous avez appris au cours de cette expédition vers la cité perdue. Tico et Tubachi pourront vous ramener à leur village, mais, ensuite, vous serez seul. Vous devrez retrouver votre chemin jusqu'à la chute d'eau, en espérant que vous l'avez bien marqué. Si votre pirogue est toujours à l'endroit où vous l'avez laissée, vous pourrez redescendre le fleuve avec. Sinon, construisez un radeau en balsa. Que vous rentriez en pirogue ou en radeau, l'important est de bien vous diriger et d'éviter les rapides. Si vous chavirez, vous risquez de tout perdre. Si vous réussissez, Manolo et sa famille seront certainement heureux de vous revoir.

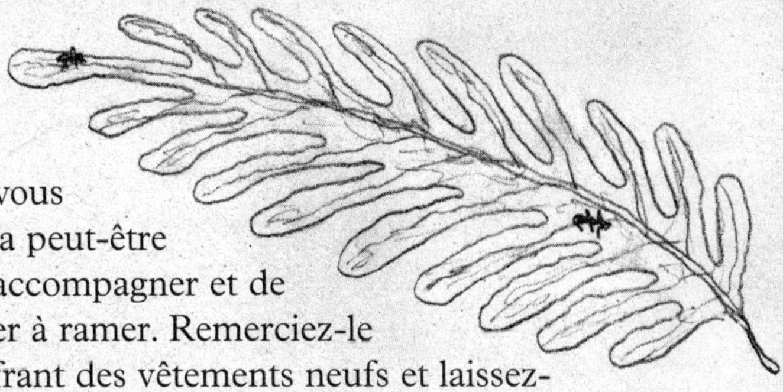

Manolo vous proposera peut-être de vous accompagner et de vous aider à ramer. Remerciez-le en lui offrant des vêtements neufs et laissez-lui votre pirogue – vous n'en aurez plus besoin. Il est temps de rentrer chez vous, avant de repartir pour de nouvelles aventures. Cette expédition dans la jungle a prouvé que vous êtes un véritable explorateur. Pourquoi vous arrêter là ? Quels nouveaux défis vous attendent ? Que diriez-vous de partir en expédition dans la Sibérie profonde ou dans la brousse africaine, ou de découvrir les îles de l'océan Pacifique ?

De nouvelles missions vous attendent !

Une nouvelle mission vous attend dans les îles de l'océan Pacifique. En voici un petit aperçu...

VOTRE MISSION...

... si vous l'acceptez : retrouver la trace d'une nouvelle espèce d'oiseau, sur les îles Lunga, perdues dans l'océan Pacifique. Un texte très ancien mentionne l'existence de magnifiques oiseaux d'or venus du paradis... Êtes-vous prêt à tenter l'aventure pour percer le mystère de l'oiseau d'or ?

Avant de partir, n'oubliez pas ce guide.
Il vous permettra de préparer votre expédition,
d'affronter les dangers sur terre et sur mer
et de découvrir une île déserte.
Mais surtout, de survivre !

Vous partez ? Alors, bonne chance...

MISSION SURVIE

SUR UNE ÎLE DÉSERTE

EXTRAIT

EXTRAIT

Ainsi... vous avez envie de découvrir les îles des mers du Sud ?

Ça vous dirait…

D'aller voir ce qui se cache au-delà des plages ombragées de palmiers de ces îles tropicales paradisiaques ?…

De parcourir des paysages exotiques et d'observer une faune extraordinaire ?…

De rencontrer les habitants de ces îles aux costumes si colorés ?…

Si la réponse à l'une de ces questions est oui, alors ce livre est fait pour vous.

Vous apprendrez comment survivre sur une île des mers du Sud, et vous verrez que la vie n'est pas si douce dans ces pays qui ont pourtant l'air paradisiaques. Vous découvrirez le sort de certains de vos prédécesseurs – ceux qui ont survécu pour vous raconter leur histoire, et ceux qui n'ont pas eu cette chance.

VOTRE MISSION...

... si vous l'acceptez, consiste à découvrir à quel oiseau merveilleux appartient la plume ci-dessous. Longue de un mètre, elle a des reflets rouge métallique et paraît luminescente quand le soleil l'éclaire ; on l'a trouvée au fond d'une vieille vitrine d'un musée de Berlin. Elle portait une étiquette indiquant : **Îles Lunga, océan Pacifique**. C'est tout.

Voici quelques faits... et quelques rumeurs que vous avez collectés.

Des spécialistes affirment que c'est une plume de la queue, une rectrice.

Certaines plumes d'un rouge particulier servent de monnaie d'échange sur des îles du Pacifique : celle-ci pourrait bien avoir de la valeur.

EXTRAIT

Une légende circule dans l'archipel des Lunga au sujet de **Wambategwea**, le **"pays des anges"** : il existerait une vallée perdue au flanc d'un volcan où nichent de fantastiques oiseaux-anges.

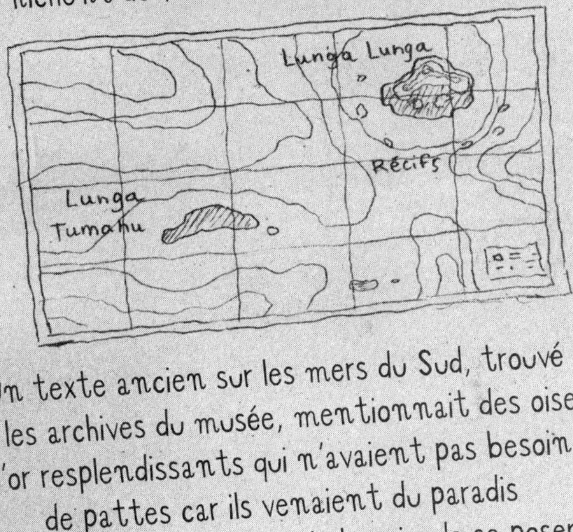

Un texte ancien sur les mers du Sud, trouvé dans les archives du musée, mentionnait des oiseaux d'or resplendissants qui n'avaient pas besoin de pattes car ils venaient du paradis et n'éprouvaient jamais le besoin de se poser.

Étrange... mais la vérité pourrait l'être davantage encore. À vous de la découvrir. Les conservateurs du musée vous envoient en expédition sur l'archipel perdu des Lunga. À vous de trouver l'oiseau de paradis aux plumes rouge et or.

Catastrophe ! La malchance s'en mêle. Le bateau que vous avez affrété sombre dans une mer démontée. Au moment où il chavire, vous vous réfugiez dans le radeau gonflable et, le lendemain matin, une fois la tempête calmée, vous échouez sur l'une des îles.

Océanie, les mers du Sud

L'immense océan Pacifique est parsemé de milliers de petites îles bien souvent très éloignées les unes des autres.

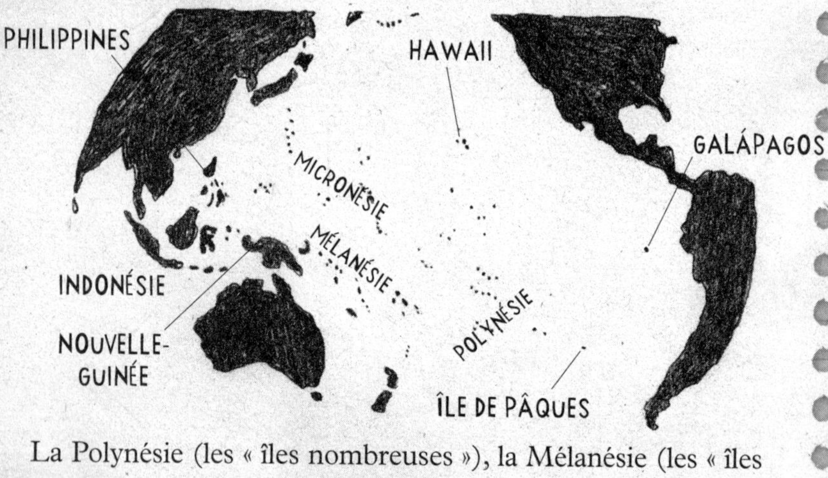

La Polynésie (les « îles nombreuses »), la Mélanésie (les « îles noires » parce que leurs habitants ont la peau plus foncée) et la Micronésie (les « petites îles ») s'égrènent depuis l'Australie et la Nouvelle-Guinée au sud, frôlent presque le Japon au nord et s'éparpillent vers l'est jusqu'à quelques centaines de kilomètres de l'Amérique du Sud.

Ces îles correspondent souvent aux sommets émergés de volcans sous-marins ou aux restes de récifs coralliens, et quelquefois à une combinaison des deux. Nombre d'entre elles, qui ont encore une activité volcanique, sont inhabitées. Certains noms ne vous sont peut-être pas inconnus, comme Hawaii, Tahiti ou Fidji. Ils évoquent des paradis plantés de cocotiers, des mers chaudes, des plages magnifiques et des autochtones charmants. Mais qu'en est-il des autres, comme les Tuamotu ou le Vanuatu ? Que faire si vous y échouez sans bateau ni aucun matériel ? C'est justement le sujet de ce guide : comment explorer les îles tropicales et y survivre. Bonne lecture…

Il est avant tout essentiel de comprendre à quel point ces îles sont loin de tout. Avant de s'y établir, les gens, les animaux et les plantes ont dû franchir des milliers de kilomètres d'océan. Les graines, comme les noix de coco, s'y sont échouées, poussées par les courants marins. Les oiseaux s'y sont rendus à la force de leurs ailes. Les animaux terrestres ont fait le voyage cramponnés à des bois flottés. Tous les hommes qui peuplent ces îles ont réalisé d'incroyables prouesses de marin pour y parvenir.

La conséquence, c'est que chaque île possède sa propre flore, sa propre faune, et que, par rapport aux continents, on trouve peu de variétés de chaque espèce. Les gros animaux terrestres n'y sont pas nombreux non plus.

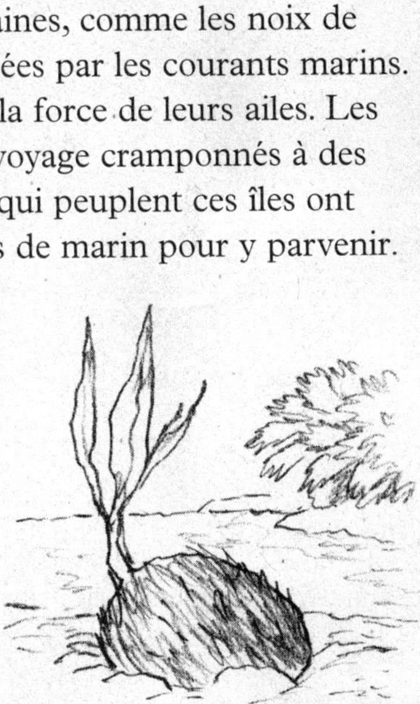

POUSSE DE COCOTIER

Peu de chances en effet que des éléphants ou des tigres trouvent des morceaux de bois assez grands pour s'y accrocher le temps d'une traversée d'océan ! Toutes les bêtes plus grosses qu'un rat ont certainement été introduites par l'homme. Ce n'est pas une raison pour ne pas se pencher sur leur cas. N'ayant plus à lutter contre leurs gros prédateurs des continents, certaines de ces espèces ont évolué de façon étonnante et singulière, et se présentent sous une forme unique sur la planète…

EXTRAIT

La tortue géante (Galápagos)

Pacifique herbivore en principe, elle n'est pas rebutée par un peu de cannibalisme si elle trouve une de ses congénères morte ou mourante.

Le dodo (île Maurice)

Espèce aujourd'hui disparue, hélas ! Une sorte de gros pigeon coureur et maladroit.

Le cagou
(Nouvelle-Calédonie)

Un oiseau qui a perdu le goût de voler.

Le dragon de Komodo
(îles de Komodo et de Rinca, Indonésie)

Un varan qui a vraiment mauvaise haleine ! À cause des bactéries contenues dans sa bouche, chacune des plaies qu'il infligera par morsure s'infectera : pus et odeur pestilentielle garantis. Même une morsure bénigne peut être lourde de conséquences. Et pas moyen de vous enfuir. Vous êtes sur une île !

À quoi ressemble une île tropicale ? Eh bien, cela dépend de sa situation, de la provenance des vents et du sens des courants marins. Pour la Mélanésie, la Micronésie et la Polynésie, le climat est typiquement tropical : chaud et humide, avec des pluies modérées réparties tout au long de l'année, sauf pendant la saison des cyclones où il pleut vraiment beaucoup.

EXTRAIT

Quand le vent souffle, il malmène les îles. Logique : elles sont entourées de milliers de kilomètres d'océan sans barrière pour empêcher les vagues de prendre de l'ampleur. Ces vagues battent sauvagement les plages tandis que les vents dévastent les forêts tropicales. Les très grosses tempêtes, les cyclones, font partie de la vie, ici. Au moins une fois par an, les vents sont si violents qu'ils couchent la forêt. Des pluies torrentielles provoquent des glissements de terrain et des inondations. Les animaux et les hommes, à ces moments-là, n'ont qu'une chose à faire : s'abriter et attendre que le mauvais temps passe.

C'est ce que vous auriez dû faire quand vous avez entendu l'alerte météo, sur la fréquence ondes courtes de la radio, à bord du bateau ! Et puis vous n'auriez pas dû croire le loueur du yacht, quand il le prétendait insubmersible. Il prenait méchamment l'eau par une fissure avant même que vous ne heurtiez le récif.

C'est tout juste si vous avez eu le temps de déclencher le gonflage automatique du radeau de survie et de grimper dedans avant que la coque ne se casse en deux. La suite reste floue dans votre souvenir.

Enfermé dans le plastique orange du radeau, secoué dans tous les sens par des vagues que vous ne pouviez pas voir, vous avez perdu la notion du temps.
La tempête a semblé durer éternellement.

Mais maintenant, le calme est revenu.

Vous entendez le clapotis des vagues, le bruit du ressac, le claquement de la bâche dans la brise. Vous êtes trempé, vous avez un goût de sel dans la bouche, le visage plaqué contre le plancher en plastique orange de votre radeau de survie, qui baigne dans l'eau. Vous êtes vivant et vous avez atteint le rivage… mais quel rivage ? Ça, mystère…

À SUIVRE…

Carnet de bord

Servez-vous de ces pages pour noter vos remarques de terrain ou réaliser des dessins et croquis.

Achevé d'imprimer en France chez Aubin
Dépôt légal : 2e trimestre 2006